決算書の読み方がわかると経営が見えてくる！

会社数字のコツがハッキリわかる本

千賀秀信
Hidenobu Senga

目次を「見える化」！

- 計数感覚アップの第一歩に！
- Q&A方式でステップアップ！
- ビジュアルな表現でわかりやすい！
- 演習問題で知識を整理！

ダイヤモンド社

まえがき

決算書を学ぶ際には、経営との関わりを考えることで理解が進み興味がわいてくる

　この本は、「**決算書の基礎**」を理解しながら、「**経営の世界を見るコツ**」をつかむことを目指しました。ビジネスパーソンに必要な**計数感覚**を身につけると言っても同じことです。

　自分は経理じゃないけど、「会計を勉強しないといけない」と考えている人は多いのではないでしょうか。いざ始めると苦手意識も手伝い、なかなか勉強が進まないものです。長年、ビジネスパーソンを対象に計数感覚の育成のカリキュラムを考え、研修の講師をしてきた経験から、そんな苦しみを持つ方々を非常に多く見てきました。

　このような人たちに共通しているのは、会社数字が特別なもので、自分たちとは関係ないという意識を持っていたということです。この意識を払拭してあげないと、会社数字の話がむずかしく聞こえ、言葉の意味が耳に入らず、理解も進まないのです。

　そこで研修では、はじめのうちはあまり会計の話はしないようにして、会計専門用語も出さないで進めます。その代わり経営やマーケティングに関連する話をしていきます。すると会計の話とどのようにつながるのだろうという意識が生まれてきます。そこですかさず、決算書を出し、この企業はどのような業種、業態で、どのようなビジネスモデルかを考えてくださいという質問をします。最初はみなさん戸惑います。まだ決算書の見方を教わっていないのですから……。

　でもグループで議論するとけっこう楽しそうに、問題に入り込んでいきます。議論し、企業経営を考えることは、どなたも好きで、楽しいようです。その雰囲気を少しだけ紹介します。

「この会社は、ソフトウェアの金額が大きいから、ソフト販売会社だ。しかし、それにしては売上高が大きいな？」「いや土地や建物などの有形固定資産も多いから、これは不動産会社だ。在庫も多いし！」など決算書に表れる勘定科目と数値だけを頼りに結構、想像力を働かせていますが、どこか的が外れています。

そこで私は質問します。

「ソフトウェア販売会社だとして、在庫の内容は何ですか？　本来ソフトウェアは無形のものですね」とヒントを出します。

うーんとA君は考え込んで、「ソフト会社の在庫ならマニュアルやDVDが入ったパッケージの在庫かな」

「当たりです」と私が言うと、A君は「では無形固定資産に載っているソフトウェアは何だろう？」とつぶやいている。

「誰かわかりますか？」と私が質問すると、
B君が「自社で使用しているソフトウェアは、どこに表示されるのですか」と質問してきた。

私は「それが無形固定資産のソフトウェアかもしれませんね」と答える。

それを聞いたA君は「そうか！　自社のソフトウェアに多額の投資をしている会社だ」。何か気付いた様子でうれしそうだ。

「不動産会社と考えた人、在庫は何ですか？」私は質問した。

C君は「分譲マンションです」と答えた。

そこで私は、「売上÷在庫を計算してみてください」と促してみた。

「20です」

私は、「この20は、在庫回転率といって、20回転と呼びます。在庫

の20倍の売上高があるのです。次に365日を20回で割ってみてください」と話を進める。
　C君は「18です」と答える。
「この数値は在庫回転日数で、在庫を仕入れて売れるまでの期間が18日という意味です」。私はこのように説明した上で再び質問した。
「分譲マンションを18日間で造って売ることは難しいのではないですか？」
　C君は「特別な販売ノウハウがあるのでは？」と苦し紛れに答えてしまった。
「どんなノウハウですか？」と返すと、「しばらく時間をください」といって考え込んでしまった。分譲マンションを販売する会社ではなさそうだ。

　企業の業種・業態をイメージしながら、決算書の数字を見ると、その姿が見えてくるのですが、はじめのうちは、何から見ていいかまったく見当がつかないものです。しかし、このようなやり取りの中から、経営の内容と決算書の数値との関係を理解していくことにより、苦手意識が薄れ、興味と意欲がわいてくるものなのです。

　本書は、このような研修の講師経験から気付いた会計入門者が理解しにくい基礎的部分を中心に、経営的な視点からいろいろ疑問を投げかけることで、興味を持って勉強を進められるように工夫しています。

本書の位置付けと勉強すべき体系

　この本は、私の3冊目の著書になります。最初の著書は、2000年11月に出版した『**経営分析の基本がハッキリわかる本**』（ダイヤモンド社）（現在は、**新版**として再発行されています）です。2冊目は、2004年4月に出版した『**計数感覚がハッキリわかる本**』です。今回の3冊目とは、相互に関連しています。これらの本は、入門者のための計数感覚の養成のための3部作として、皆さんにぜひ読んでいただきたいと考えています。

　決算書などの数字に強くなるためには、勉強すべき体系を知っておく必要があります。体系を知った上で、基礎から順に知識やコツを習得していくのです。
　8ページの図は、ビジネスパーソンに必要な**勉強すべき体系**です。そして右側に**3部作の位置**を示しました。

　第1段階は、基本的な**3つの決算書**を理解することから始めましょう。すなわち**損益計算書**、**貸借対照表**、**キャッシュフロー計算書**の内容と3つの決算書の関係を理解することです。今回の『**会社数字のコツがハッキリわかる本**』は、第1段階の突破をめざす方のために書きました。**財務諸表**とか**計算書類**というような用語を目にした人もいるかもしれませんが、これらは決算書を言い換えただけなので気にしないでください。
　本書は、企業の研修の**事前課題図書**として、研修の前に読んでいただくことで、研修をより実践的な内容にすることができます。私の経

験では、たとえば2日間の研修で知識が不足しているために、知識説明に多くの時間がとられてしまい、なかなか事例演習などに入れないという現実があります。

　研修前に知識を吸収しながら、気軽に予習できるような本が必要でした。この本はそのようなケースに最適です。もちろん、独学で勉強しようとする方にもお勧めです。

　第2段階は、**決算書分析（経営分析）の方法を理解すること**です。収益性、安全性、生産性、成長性、キャッシュフローなどの分析のことです。これらの分析をするためには、決算書の理解が前提になります。決算書を理解しないで、分析値だけ計算しても、その意味を理解することはできないでしょう。

　具体的には、収益性分析として、ROA（総資産利益率）やROE（自己資本当期純利益率）などの背景を読むこと、安全性分析として、取引先の信用力を判断すること、生産性・成長性分析などで、企業の成長性を評価することなどが実務で必要になります。『【新版】経営分析の基本がハッキリわかる本』が第2段階に対応しています。

　第3段階は、**より実践的な視点から、これまで学んだ知識や考え方を整理する**必要があります。営業や製造や人事などの現場ごとに使える分析手法を理解することが求められます。たとえば、営業では、得意先の信用力を分析する必要があります。販売代金の回収の遅れ、在庫の増加が会社にどのような損失をもたらすかという理解も必要です。製造現場では、原価計算の考え方は必須でしょう。本社の人事部門では、賞与原資の把握や成果配分の考え方などが重要です。経営企

財務会計

1 決算書の理解
- ❶ 期間損益の算定
  損益計算書
- ❷ 財政状態の把握
  貸借対照表
- ❸ 資金の動き
  キャッシュフロー計算書

2 決算書の分析
- 収益性（ROA ROE）　安全性（流動比率）
- キャッシュフロー分析（運転資金）
- 生産性（付加価値　労働分配率）
- 成長性（配当性向）

⬇ 経営への活用

管理会計
- ❶ 損益分岐点分析
- ❷ 意思決定への活用
- ❸ 企業価値と株主価値
- ❹ 利益・資金計画の立て方
- ❺ 株式投資への活用

第1段階
会社数字のコツが
ハッキリわかる本

第2段階
新版・
経営分析の基本が
ハッキリわかる本

現場別の活用法

第3段階
計数感覚が
ハッキリわかる本

画部門では、利益・資金計画の策定の仕方は必須テーマです。このような視点でコンパクトにまとめた本が『経営センスが高まる！計数感覚がハッキリわかる本』です。

本書の内容と読み方

　以下は、本書の特徴です。

1．6つのPartに分かれ、それぞれのPartの狙いは次のとおりです。
　Part 1は、決算書の基礎知識をまとめました。**貸借対照表、損益計算書、キャッシュフロー計算書**について、経営分析を行うために必要な知識に絞ってわかりやすく解説してあります。この程度の知識は、経営の本を読む前提の知識、研修の事前知識として、最低限必要だという内容です。
　以降のPartは、経営と会社数字の関係を、例をあげながら説明しています。**本書のもっとも読んでいただきたい部分**です。
　Part 2は、**損益計算書から読める経営課題**について、例をあげながら、わかりやすく解説しました。
　Part 3は、**貸借対照表から読める経営課題**について、例をあげながら、わかりやすく解説しました。
　Part 4は、**キャッシュフローを読むポイントと経営課題**について、やはり例をあげながら、わかりやすく解説しました。
　Part 5は、**経営分析と管理会計の基礎を学ぼう**という狙いです。最低限知っておいていただきたいものに絞ってあります。損益分岐点

分析についても、身近な事例を取り上げているので、すぐに親しめることでしょう。

　Part 6は、**株式投資に使える分析法**をまとめています。この本を読む方には、株式投資に必要な分析法を簡潔に知りたいという方も多いと思われます。PER、PBR、配当性向、チャートの見方などを紹介しています。

2．各Partでは、Partの内容を理解していただくために、テーマを絞り込みました。

　決して多くはないですが、これだけは知っておいてほしいというテーマです。各テーマは見開きで説明が完結するようになっています。右側は図表で表現し、左側はテーマに関連する説明や質問をしています。

　各テーマは、主に以下のような**Q＆Aを重視**した流れになっています。　　　の部分でまず講師が質問を投げかけます。

例）テーマ：サービス業でも在庫はあるんですって？

◎ 当座資産とたな卸資産の違いを理解しておこう

なぜ当座資産とたな卸資産の違いが重要なのですか？

◎ たな卸資産とその他の流動資産の中身を説明しましょう

貯蔵品とは何ですか？

まえがき

　テーマごとに1〜3つの質問がでてきます。

　テーマは、読者に代わって質問する形で問題を提起しています。それに対して各ページの最後の**Point**で結論や方法論を述べています。

　本文中ではテーマの解説を進めます。◉はテーマを理解するポイントです。その中でふたたび読者に代わって質問する（👧部分）ケースもあります。このように質問に答える形で話は進んでいきます。

　もちろん皆さんの質問・疑問とは異なる場合もあるでしょう。皆さんは、本書で示したテーマを自分なりに理解することで、いつの間にか決算書を読むコツがつかめてくることでしょう。

　また、事例も登場します。物語を読む感じで理解を深めていただきます。楽しんで勉強してください。

3．各Partの最後には、コラムと問題を設けています。

　各Partに関連する企業の動きや課題をコラムにまとめました。興味を持っていただくためです。また計算問題なども出題してあります。数字を勉強するので、基礎知識の確認と思ってチャレンジしてみてください。

4．速習のための読み方⇒目的別にいくつかの読み方があります。

①**じっくりと勉強したい方へ**（これが理想です）

　Part 1から順番に、Part 6まで精読してください。本書は、順番に読むことで、決算書に興味を持っていただき、経営とのつながりを自然に身につけていただけるように構成されています。

しかし、時間がない方のために、次のような読み方をすることで、一定の効果をあげることができます。目的別に読むべき箇所をご案内しますから、参考にしてください。

②決算書の基本だけは知っておきたい方へ

　Part 1だけは読んでください。知識ベースで最低限必要な内容がまとめてあります。しかし、これでは不十分ですので、決算書の基礎固めのためには、Part 2（損益計算書から読める経営課題）、Part 3（貸借対照表から読める経営課題）までは読みましょう。

　ここで、キャッシュフローの勉強はいいのか、と疑問を持つ方もいるでしょう。キャッシュフローは、貸借対照表と損益計算書を理解してはじめて、その本質的な意味が理解できるのです。急ぐ気持ちはわかりますが、まずは損益計算書と貸借対照表に絞って理解してください。

③キャッシュフローを理解したい方へ

　貸借対照表と損益計算書を理解する必要がありますので、Part 1からPart 3を読んだ上で、Part 4（キャッシュフローを読むポイントと経営課題）を読みましょう。Part 5の9（収支分岐点と損益分岐点の違い）も関連があります。

　会社数字の入門者が、キャッシュフローから勉強を始めても、真の理解は得られないものです。ぜひこの読み方、勉強の順番は守ってください。急がば回れです。

④**管理会計の一端を知りたい方へ**

　管理会計は、マネジメントに活用するために会社が独自で行う計数管理の手法です。損益分岐点分析がその代表です。本書では、損益分岐点分析の事例を紹介し、管理会計の面白さを知っていただきたいと考えています。そこで、Part 5（経営分析と管理会計の基礎を学ぼう）の３（街のカレー屋さんの収益性は、大手外食チェーンより低いか？）から９（収支分岐点と損益分岐点の違い）までを読んでみてください。ここだけ読んでも面白く読めるはずです。

⑤**株式投資を始める方へ**

　株式投資は、さまざまなリスクを伴います。決算書の分析だけで投資することは問題です。しかし、決算書の分析もしないで投資することはもっと問題です。

　経営の現状を、決算書とそれ以外の経営内容、経営環境を理解し、さらに将来性までも読んで投資する必要があります。本書のPart 6（株式投資に活用しよう）で取り上げた内容はあくまでも入門の入門ベースの基礎知識ですから、さらに勉強して取り組む必要があることを認識しましょう。

　本書を読んで、皆さんが数字嫌いを払拭され、「もっと勉強するぞ！」という興味と意欲がわいてくれば、著者として最大の喜びです。

2007年4月　事務所にて

「見える化」目次

　本書は、PART1 決算書の基礎、PART2 損益計算書から読める経営課題、PART3 貸借対照表から読める経営課題、PART4 キャッシュフローを読むポイントと経営課題、PART5 経営分析と管理会計の基礎を学ぼう、PART6 株式投資に活用しようの各PARTに分かれています。

　各PARTに含まれるさまざまなテーマが、損益計算書、貸借対照表、キャッシュフロー計算書などの、どの項目と関係があるかを「見える化」したものが下の図です。この「見える化」目次を参照しながら、
①いまどこを勉強しているのか
②各PARTのテーマが、決算書のどこと関係があるのか
　などを知り、全体をイメージしながら、読んでください。
　きっとより興味がわいてきて、理解を助けることでしょう。

決算書全般の見える化

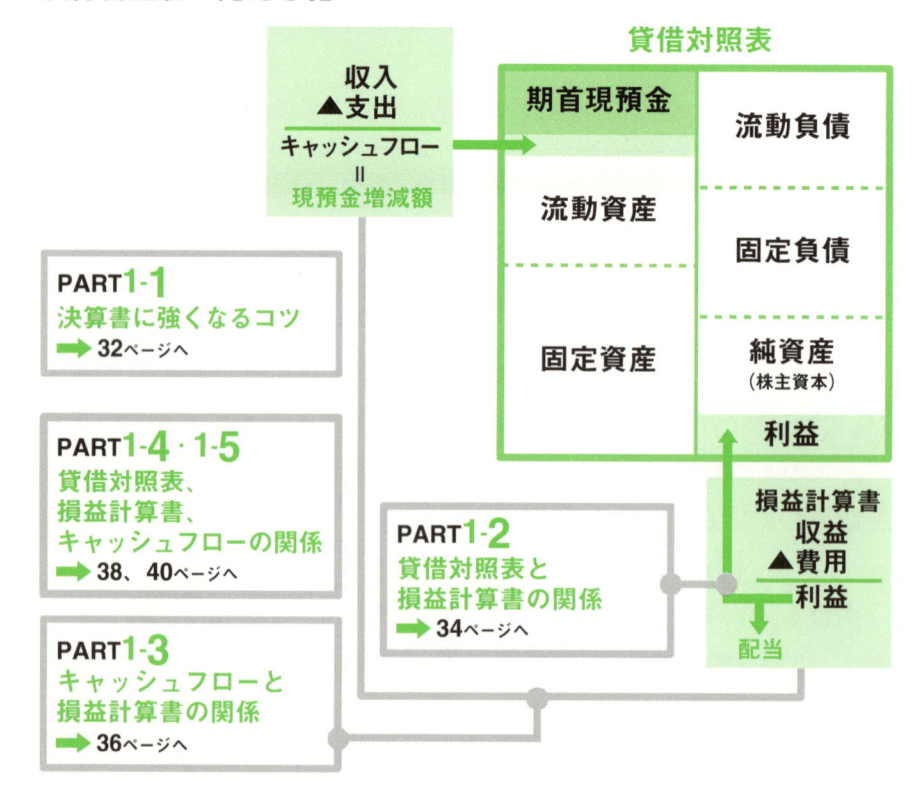

貸借対照表

- 収入 ▲支出
- キャッシュフロー ＝ 現預金増減額
- 期首現預金
- 流動資産
- 固定資産
- 流動負債
- 固定負債
- 純資産（株主資本）
- 利益

損益計算書
- 収益 ▲費用
- 利益
- 配当

PART1-1 決算書に強くなるコツ → 32ページへ

PART1-4・1-5 貸借対照表、損益計算書、キャッシュフローの関係 → 38、40ページへ

PART1-2 貸借対照表と損益計算書の関係 → 34ページへ

PART1-3 キャッシュフローと損益計算書の関係 → 36ページへ

損益計算書の見える化

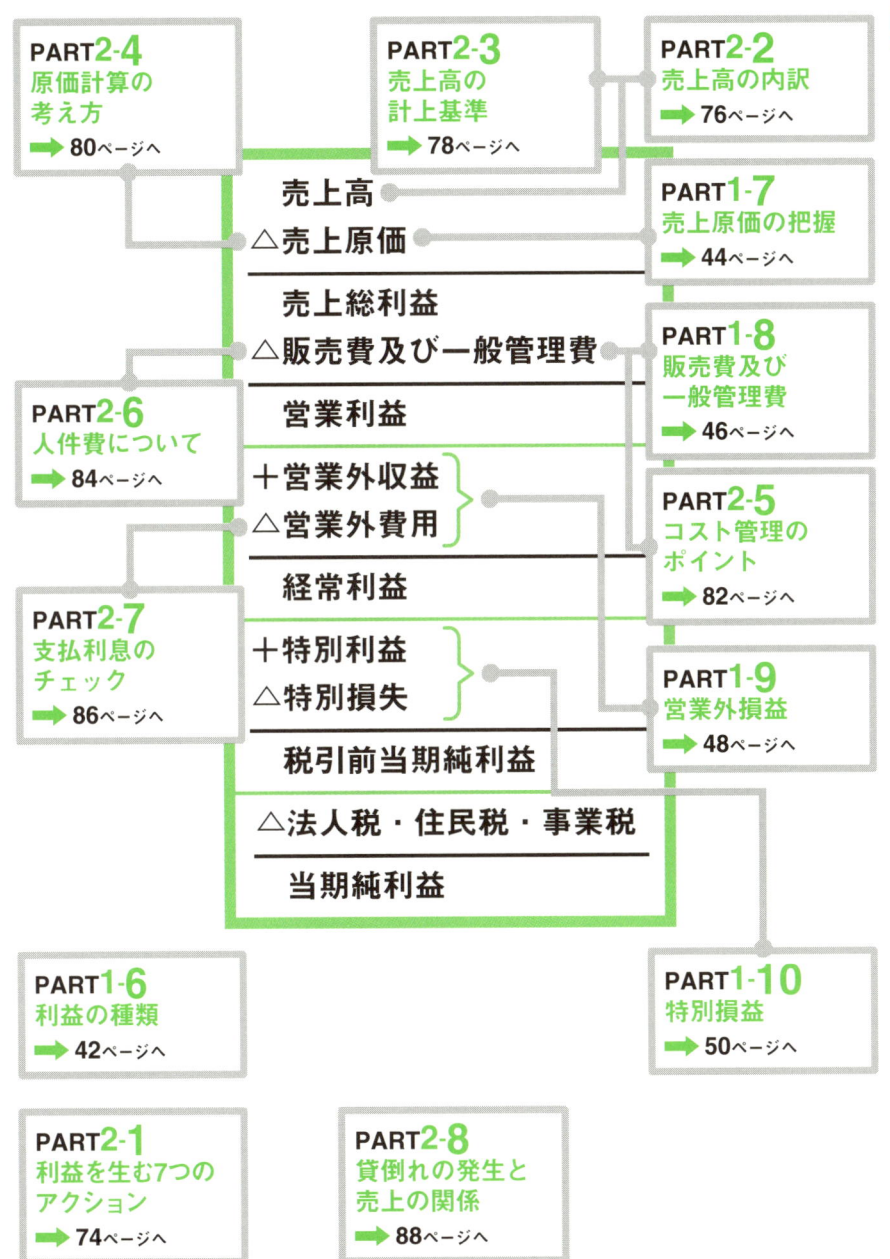

「見える化」目次

```
PART2-4  原価計算の考え方 → 80ページへ
PART2-3  売上高の計上基準 → 78ページへ
PART2-2  売上高の内訳 → 76ページへ

           売上高
         △売上原価                    PART1-7 売上原価の把握 → 44ページへ
           売上総利益
         △販売費及び一般管理費          PART1-8 販売費及び一般管理費 → 46ページへ
PART2-6  人件費について → 84ページへ
           営業利益
         ＋営業外収益
         △営業外費用                  PART2-5 コスト管理のポイント → 82ページへ
           経常利益
PART2-7  支払利息のチェック → 86ページへ
         ＋特別利益
         △特別損失                    PART1-9 営業外損益 → 48ページへ
           税引前当期純利益
         △法人税・住民税・事業税
           当期純利益
```

PART1-6 利益の種類 → 42ページへ

PART1-10 特別損益 → 50ページへ

PART2-1 利益を生む7つのアクション → 74ページへ

PART2-8 貸倒れの発生と売上の関係 → 88ページへ

15

貸借対照表の見える化

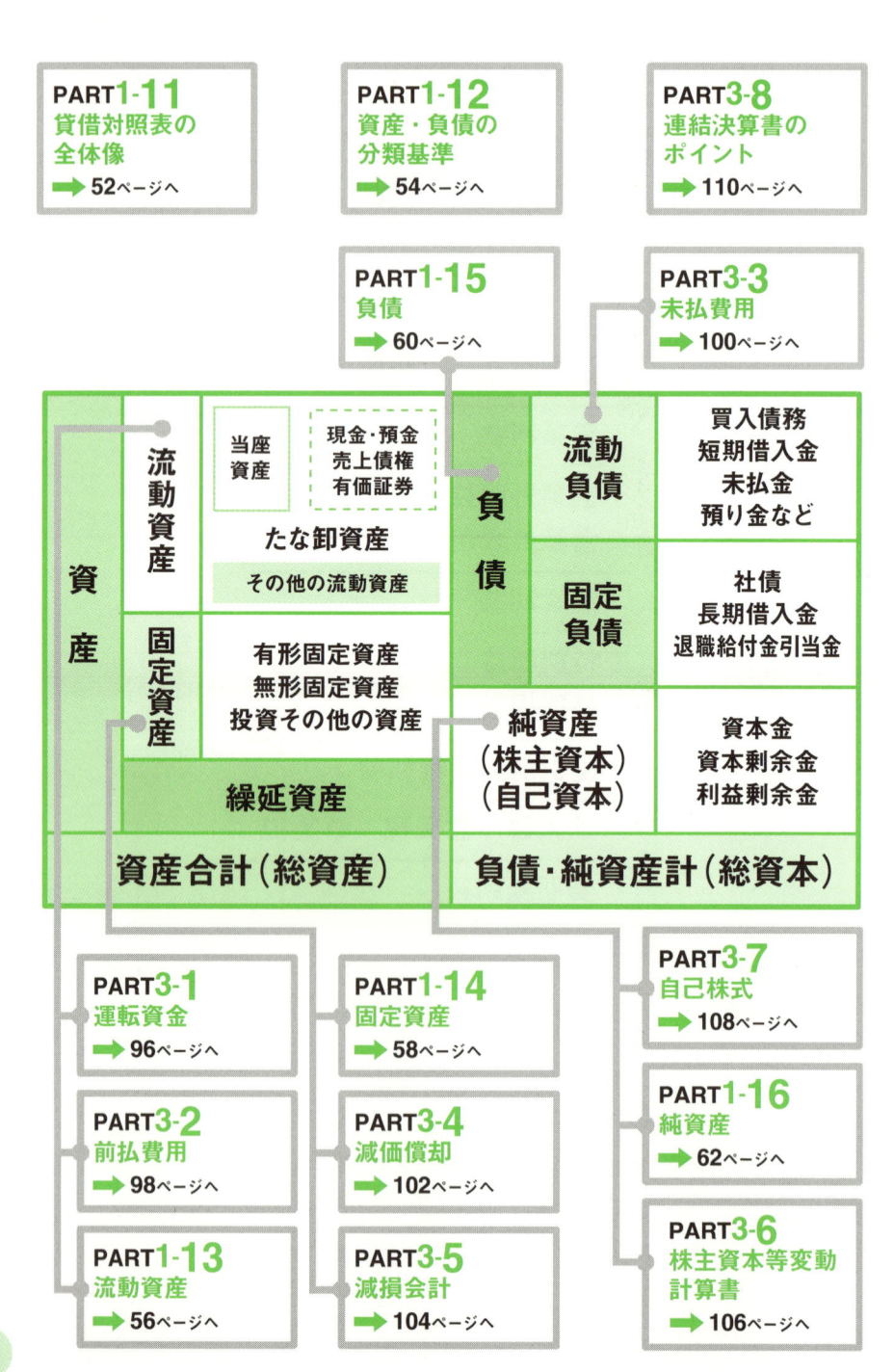

| PART1-11 貸借対照表の全体像 → 52ページへ | PART1-12 資産・負債の分類基準 → 54ページへ | PART3-8 連結決算書のポイント → 110ページへ |

| PART1-15 負債 → 60ページへ | PART3-3 未払費用 → 100ページへ |

資産	流動資産	当座資産	現金・預金 売上債権 有価証券	負債	流動負債	買入債務 短期借入金 未払金 預り金など
		たな卸資産				
		その他の流動資産			固定負債	社債 長期借入金 退職給付金引当金
	固定資産	有形固定資産 無形固定資産 投資その他の資産		純資産 (株主資本) (自己資本)		資本金 資本剰余金 利益剰余金
	繰延資産					
資産合計(総資産)				負債・純資産計(総資本)		

PART3-1 運転資金 → 96ページへ	PART1-14 固定資産 → 58ページへ	PART3-7 自己株式 → 108ページへ
PART3-2 前払費用 → 98ページへ	PART3-4 減価償却 → 102ページへ	PART1-16 純資産 → 62ページへ
PART1-13 流動資産 → 56ページへ	PART3-5 減損会計 → 104ページへ	PART3-6 株主資本等変動計算書 → 106ページへ

キャッシュフローの見える化

PART1-17
キャッシュフローの種類
→ 64ページへ

PART4-4
キャッシュフローの捉え方
→ 124ページへ

PART1-18
在庫と営業キャッシュフロー
→ 66ページへ

PART4-1
売上債権・在庫と営業キャッシュフロー
→ 118ページへ

PART4-2
減価償却費と営業キャッシュフロー
→ 120ページへ

PART4-3
営業キャッシュフローを増減させるもの
→ 122ページへ

＋は収入　△は支出　　　　　　　　　単位百万円

1. 営業活動によるキャッシュフロー	
＋　① 売上収入	15,000
△　② 仕入代金の支払い	△8,800
△　③ 販売費の支払い	△2,700
△　④ 一般管理費の支払い	△1,500
小計	**2,000**
△　⑤ 法人税・住民税・事業税	△1,000
△　⑥ 利息の支払い	△250
＋　⑦ 利息と配当の受取り額	150
合計　営業キャッシュフロー	**900**
2. 投資活動によるキャッシュフロー	
△＋　⑧ M&Aによる子会社株式などの購入・売却	△1,400
△＋　⑨ 設備投資で土地・建物を購入・売却	△2,000
△＋　⑩ 資産運用で株・債券を購入・売却	230
合計　投資キャッシュフロー	**△3,170**
2＋3　フリーキャッシュフロー	**△2,270**
3. 財務活動によるキャッシュフロー	
＋　⑪ 新規の借入れ	5,200
△　⑫ 借入れの返済	△1,500
＋　⑬ 資本金の出資を受ける	0
△　⑭ 配当金の支払い	△500
△　⑮ 自社株買い	△120
合計　財務キャッシュフロー	**3,080**
4. キャッシュフロー（1＋2＋3）	810
5. 期首の現金預金の残高	1,200
6. 期末の現金預金の残高（4＋5）	2,010

PART4-5
減価償却費と投資の関係
→ 126ページへ

PART4-6
投資を回収するという意味
→ 127,128ページへ

経営分析と管理会計の見える化

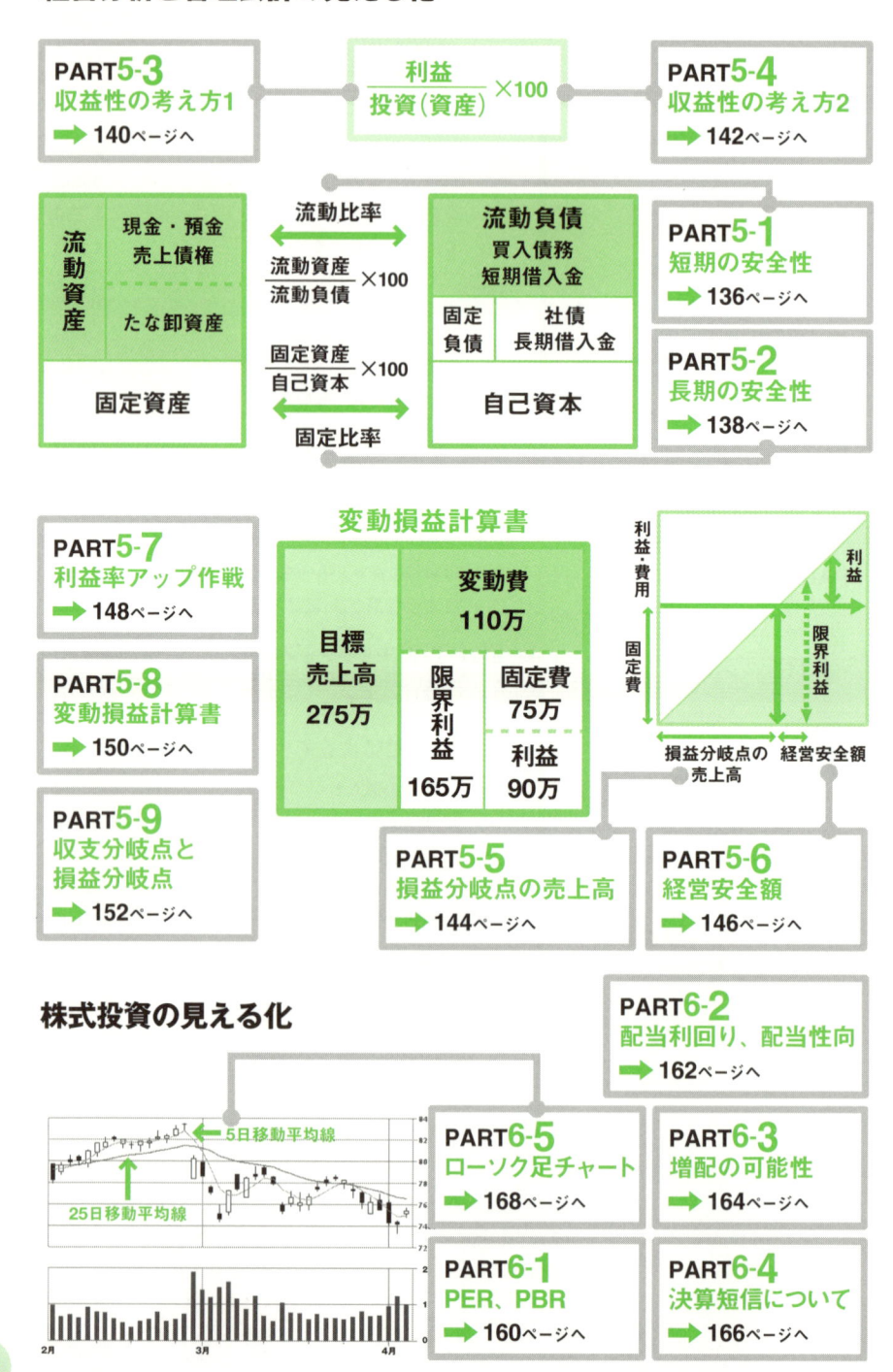

PART5-3 収益性の考え方1 → 140ページへ

$$\frac{利益}{投資（資産）} \times 100$$

PART5-4 収益性の考え方2 → 142ページへ

流動資産	現金・預金 売上債権		流動比率 $\frac{流動資産}{流動負債} \times 100$	流動負債 買入債務 短期借入金
	たな卸資産			固定負債 / 社債 長期借入金
固定資産			固定比率 $\frac{固定資産}{自己資本} \times 100$	自己資本

PART5-1 短期の安全性 → 136ページへ

PART5-2 長期の安全性 → 138ページへ

PART5-7 利益率アップ作戦 → 148ページへ

PART5-8 変動損益計算書 → 150ページへ

PART5-9 収支分岐点と損益分岐点 → 152ページへ

変動損益計算書

目標売上高 275万	変動費 110万	
	限界利益 165万	固定費 75万
		利益 90万

PART5-5 損益分岐点の売上高 → 144ページへ

PART5-6 経営安全額 → 146ページへ

株式投資の見える化

PART6-2 配当利回り、配当性向 → 162ページへ

5日移動平均線
25日移動平均線

PART6-5 ローソク足チャート → 168ページへ

PART6-3 増配の可能性 → 164ページへ

PART6-1 PER、PBR → 160ページへ

PART6-4 決算短信について → 166ページへ

CONTENTS

まえがき …… 3
「見える化」目次 …… 14〜18

PART 1 決算書の基礎
(まずは基礎知識をつけよう)

決算書の基礎の見える化 …… 30

1 決算書に強くなるコツは何だろう？ …… 32
　➡ 知識を学び、事例で理解を深めることだ

2 いくら儲かって、どのくらい財産があるか知りたくない？ …… 34
　➡ 個人の決算書を作ればわかる

3 キャッシュフロー計算書と損益計算書の違いは？ …… 36
　➡ 損益計算書では、お金の動きが正確につかめない

4 貸借対照表、損益計算書、キャッシュフローの関係は？① …… 38
　➡ 商売を経験して、資金繰りの苦労を知ろう

5 貸借対照表、損益計算書、キャッシュフローの関係は？② …… 40
　➡ ツケで商売すると、大きな商売が可能になる

6 利益にはどのような種類があるでしょう？ …… 42
　➡ 売上総利益、営業利益、経常利益、税引前当期純利益、当期純利益

CONTENTS

7 売上原価はどうやって把握する？ …… 44
　➡ 卸・小売業と製造業に分けて理解するといい

8 販売費及び一般管理費の内容は？ …… 46
　➡ 製造部門以外の必要経費である

9 本業で儲かっていないのになぜ増益なのだろう？ …… 48
　➡ 営業外損益に注目してみよう

10 前期まで利益が出ていたのに今期は大赤字なのは？ …… 50
　➡ 固定資産などに損失が隠れていたからだ

11 貸借対照表が苦手ではないですか？ …… 52
　➡ 資産、負債、純資産の全体像をイメージでつかもう

12 流動・固定を分類する基準をご存知ですか？ …… 54
　➡ 1年基準や正常営業循環基準がある

13 サービス業でも在庫はありますよ？ …… 56
　➡ 流動資産の内容をしっかり理解しよう

14 車や建物が固定資産にならないケースは？ …… 58
　➡ 固定資産の内容と役割を理解しよう

CONTENTS

15 借金といってもいろいろあるのです？ …… 60
➡ 負債の内容を理解しよう

16 純資産とは、いったい何でしょうか？ …… 62
➡ 会社資産に対する株主の持分を表す

17 お金に色をつけてみよう？ …… 64
➡ キャッシュフローの種類と性格を理解しよう

18 在庫が増加するとなぜ資金が不足する？ …… 66
➡ 営業キャッシュフローが減少するからだ

column　会計（アカウンティング）には**財務会計と管理会計がある** …… 68
Question 1　次の項目は、貸借対照表のどの分類に入るか記入しなさい。…… 69
Question 2　次の費用、収益は、損益計算書のどの分類に入るか記入しなさい。…… 70

CONTENTS

PART 2 損益計算書から読める経営課題

損益計算書の見える化 …… 73

1 利益を生むための7つのアクションとは？ …… 74
➡ 損益計算から利益を生むアイデアを考えよう

2 特売で儲けるにはどう考えますか？ …… 76
➡ 売上高を分解して考えると、見えてくる

3 期末にがんばったのになぜ売上にならないの？ …… 78
➡ 「販売した」という意味を理解しよう

4 メーカーの原価計算のポイントは？ …… 80
➡ 工場で発生した費用を製品ごとに集計する

5 コスト管理のポイントを考えてください？ …… 82
➡ 損益データを管理目的に合わせて再集計する

6 社員を増やすと人件費がアップするという発想は問題？ …… 84
➡ 人への投資が、人件費である

7 損益計算書で借り過ぎをチェックする方法がありますか？ …… 86
➡ インタレスト・カバレッジを活用する

CONTENTS

8 貸倒れが発生したら、それを取り戻すため、いくら売上が必要か？ …… 88
➡ 売上高営業利益率2％なら、貸倒れの50倍の売上が必要

column リベートの問題 …… 90
Question1 次の各行為は、どの利益に一番関係が深いか（影響があるか）答えなさい。…… 91
Question2 以下の損益計算書から、各質問に答えなさい。…… 92

PART 3 貸借対照表から読める経営課題

貸借対照表の見える化 …… 95

1 脱サラなら、なぜラーメン屋がいい？ …… 96
➡ 現金商売なので、運転資金に苦労しない

2 利益が多いので、3年分の保険料を一度に払ったが、問題？ …… 98
➡ 来期以降の分は、前払費用という資産になる

3 利益が多いので、もっと経費で落とせないか？ …… 100
➡ 支払いしていなくても、今期の費用にできるものがある

4 減価償却しないとどうなるでしょう？ …… 102
➡ 損失が突然、出現する

CONTENTS

5 減損会計とは、何でしょう？ …… 104
➡ 固定資産の価値が、低下していないか見直す制度

6 株主資本等変動計算書って何でしょう？ …… 106
➡ 純資産の1年間の変化を示した表である

7 自社株買いって、なぜするのでしょう？ …… 108
➡ 余ったお金を株主に返すことで、様々な効果を狙っている

8 連結決算書を見るときのポイントは？ …… 110
➡ どのような点が単体決算書と違うか知っておこう

column 借金が多くても倒産しないのはなぜ？ …… 112
Question1 次の説明に当てはまる語句を考えなさい。…… 113
Question2 以下の条件から、機械装置の固定資産売却損益を計算しなさい。…… 114

CONTENTS

PART 4 キャッシュフローを読むポイントと経営課題

キャッシュフローの見える化 …… 117

1 利益がでているのに、お金が不足する理由は？ …… 118
➡ 売上債権、在庫の増加が、悪さしている

2 利益が減ったのに、お金が余る理由は？ …… 120
➡ 買掛金や減価償却費のいたずらだ

3 営業キャッシュフローを増減させる曲者は何だ？ …… 122
➡ 営業利益、減価償却費、売上債権、在庫、買入債務の増減だ

4 貸借対照表と損益計算書からキャッシュフローを読む方法は？ …… 124
➡ 間接法という方法を理解しよう

5 借金しないで、設備の買い替えができるんですよ？ …… 126
➡ キャッシュフロー（利益＋減価償却費）の範囲で投資する

6 複数の投資案を比較するとき、どのように考える？ …… 128
➡ 何年で投資を回収できるかで判断する

column キャッシュフローの活用法はたくさんある …… 130

Question 以下の2期貸借対照表と損益計算書から、営業キャッシュフローを計算しなさい。…… 131

CONTENTS

PART 5 経営分析と管理会計の基礎を学ぼう

経営分析と管理会計の見える化 …… 135

1 安全性分析って何を見ること？ …… 136
➡ 借金の支払い能力を判断すること

2 長期の安全性って何を見ること？ …… 138
➡ 固定資産が自己資本などでカバーできているかチェックすること

3 街のカレー屋さんの収益性は、大手外食チェーンより低いか？ …… 140
➡ ROIで判断しないと、低いかどうかはわからない

4 値上げと値下げ、どっちが儲かる？ …… 142
➡ 戦略的に考えないと、どっちも儲からないことになる

5 街のカレー屋さんの損益分岐点は？ …… 144
➡ 損益分岐点を超えないと、利益はでない

6 月に利益90万円を稼ぎたい。その時の売上高は？ …… 146
➡ 経営安全額から、利益は生まれる

7 インドカレー専門店へ業態転換したら儲かる？ …… 148
➡ 味とサービス次第です

CONTENTS

8 街のカレー屋さんとインドカレー専門店、どっちが儲かる？ …… 150
➡ 変動損益計算書を作って、並べて観察しよう

9 収支分岐点と損益分岐点の違いは？ …… 152
➡ 収支がトントンと損益がトントン

column 居酒屋のオーナーの年収は？ …… 154

Question1 以下の貸借対照表について、質問に答えなさい。…… 155
（1）短期の安全性の良い順に並べなさい。
（2）たな卸資産と当座資産の違いを考えなさい。
（3）（2）の違いは、なぜ重要なのですか。

Question2 街のカレー屋さんのデータで、月間4500杯までなら売れるという。同時に売価を550円に値上げしたら、損益分岐点の販売数量はいくらになりますか。以下の変動損益計算書も完成させなさい。(他の条件は変わらないものとする) …… 156

CONTENTS

PART 6 株式投資に活用しよう

株式投資の見える化 …… 159

1 株価が高いか安いか、簡単に見分ける方法は？ …… 160
➡ PER、PBRの考え方を理解しよう

2 長期保有を考えている場合、良い判断指標は？ …… 162
➡ 配当利回りと配当性向が重要

3 配当を増やす可能性がある会社って、どんな会社？ …… 164
➡ 利益剰余金が多い会社だ

4 投資に役立つ情報はどんなものがあるでしょうか？ …… 166
➡ 決算短信を利用して、直近の業績を把握しよう

5 チャート分析の基本は？ …… 168
➡ ローソク足、移動平均線、出来高をみよう

column　計数感覚を身につけよう …… 170
INDEX …… 171

PART 1

決算書の基礎
(まずは基礎知識をつけよう)

決算書の基礎の見える化

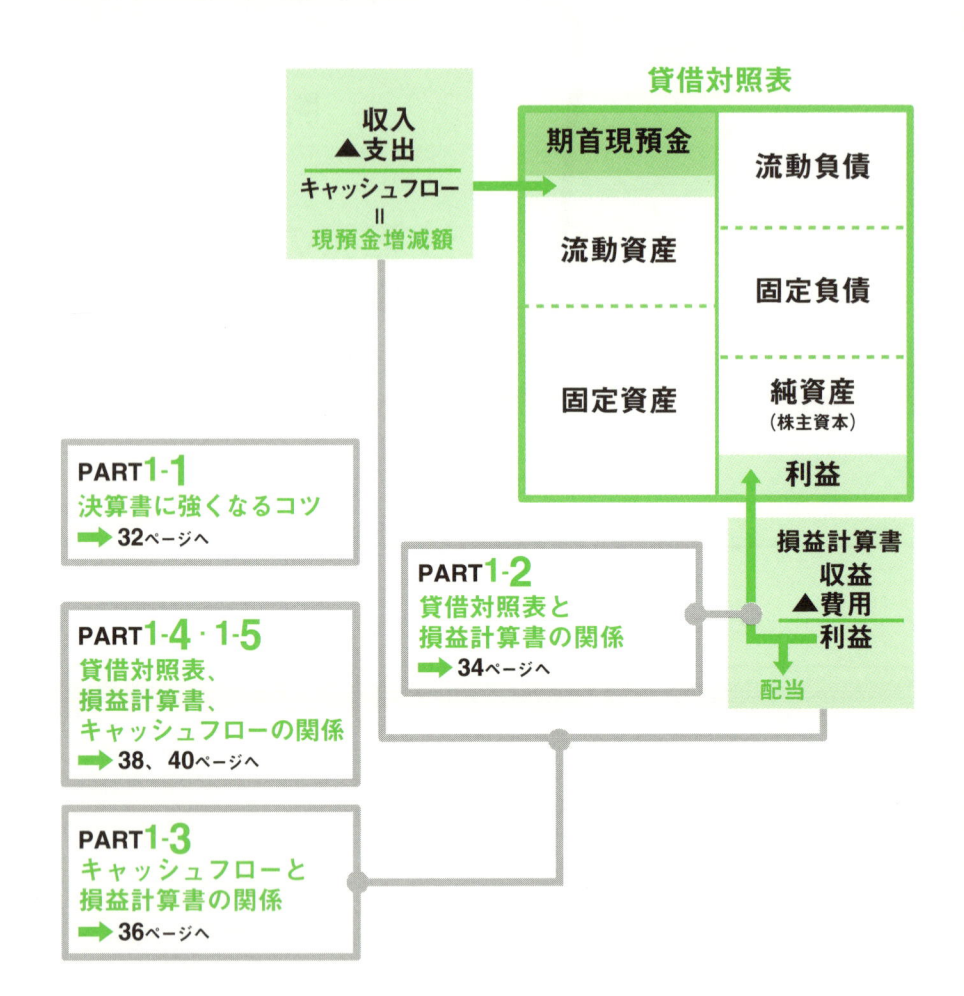

貸借対照表

期首現預金	流動負債
流動資産	固定負債
固定資産	純資産（株主資本）

収入
▲支出
―――――
キャッシュフロー
＝
現預金増減額

利益

損益計算書
収益
▲費用
―――――
利益

配当

PART1-1
決算書に強くなるコツ
➡ 32ページへ

PART1-4・1-5
貸借対照表、
損益計算書、
キャッシュフローの関係
➡ 38、40ページへ

PART1-2
貸借対照表と
損益計算書の関係
➡ 34ページへ

PART1-3
キャッシュフローと
損益計算書の関係
➡ 36ページへ

PART1 決算書の基礎（まずは基礎知識をつけよう）

```
売上高
△売上原価
―――――――――
売上総利益
△販売費及び一般管理費
―――――――――
営業利益
＋営業外収益
△営業外費用
―――――――――
経常利益
＋特別利益
△特別損失
―――――――――
税引前当期純利益
△法人税・住民税・事業税
―――――――――
当期純利益
```

PART1-6 利益の種類 ➡ 42ページへ

PART1-7 売上原価の把握 ➡ 44ページへ

PART1-8 販売費及び一般管理費 ➡ 46ページへ

PART1-9 営業外損益 ➡ 48ページへ

PART1-10 特別損益 ➡ 50ページへ

PART1-11 貸借対照表の全体像 ➡ 52ページへ

PART1-12 資産・負債の分類基準 ➡ 54ページへ

PART1-13 流動資産 ➡ 56ページへ

PART1-14 固定資産 ➡ 58ページへ

PART1-15 負債 ➡ 60ページへ

PART1-16 純資産 ➡ 62ページへ

貸借対照表の構造：

資産			負債	
流動資産	当座資産	現金・預金／売上債権／有価証券	流動負債	買入債務／短期借入金／未払金／預り金など
		たな卸資産		
		その他の流動資産	固定負債	社債／長期借入金／退職給付金引当金
	固定資産	有形固定資産／無形固定資産／投資その他の資産	純資産（株主資本）	資本金／資本剰余金／利益剰余金
	繰延資産			
資産合計（総資産）			負債・純資産計（総資本）	

PART1-17 キャッシュフローの種類 ➡ 64ページへ

PART1-18 在庫と営業キャッシュフロー ➡ 66ページへ

Ⅰ 営業キャッシュフロー	
＋利益	＋120
＋減価償却費	＋100
△売掛金の増加	△320
△商品の増加	△300
＋買掛金の増加	＋200
合計	△200
Ⅱ 投資キャッシュフロー	
△機械購入	△400
Ⅲ 財務キャッシュフロー	
＋長期借入金	＋400
Ⅰ＋Ⅱ＋Ⅲ＝現金増減額	△200
ⓂⒾ現金期首残	400
ⓋⒺ現金期末残	200

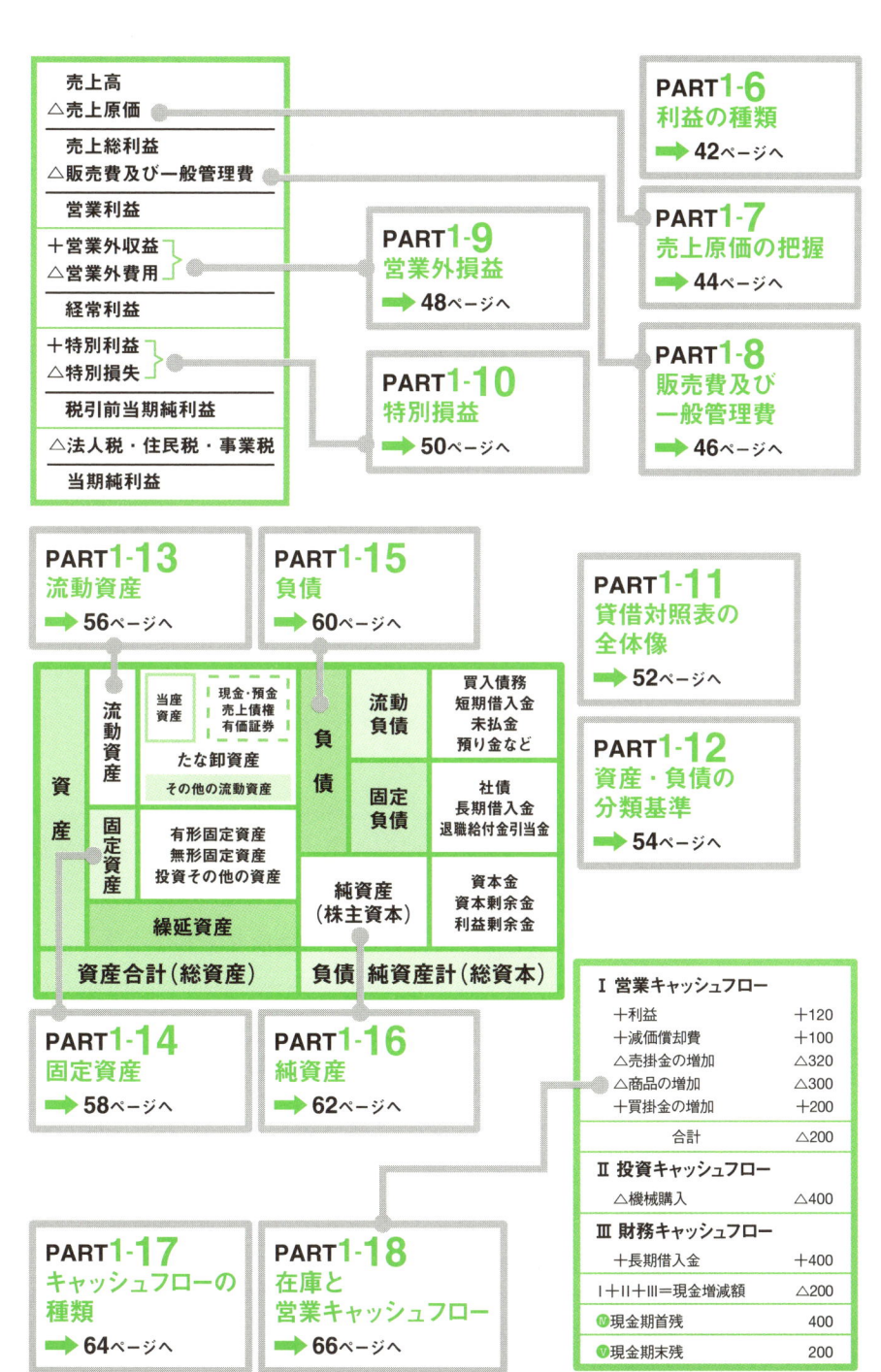

1 決算書に強くなるコツは何だろう？

◎ 簿記は、決算書の作り方だ

簿記は決算書の作り方の技術です。訓練すれば、どなたでも決算書を作れるようになります。しかし、経理を実務にしている方が簿記学校ではなく、ビジネススクールに通ってきます。理由は、もっと経営のことが知りたい、経営に関わりたいという理由からです。簿記がわかっても、経営のことはなかなか理解できないようです。

時価会計、減損会計、リース会計などの用語をよく目にしますが？

これらは決算書の作り方のルール（**会計基準**）です。これらのルールを専門家が作って、会社法などの法律の中で遵守すべきと明記すれば、決算書を作るときに守らなければなりません。このルールが新設・変更されるたびに新聞や週刊誌などで話題となるわけです。

◎ 経営の出来事と決算書とのつながりを考える習慣が大切

簿記や会計ルールを学ぶと、決算書の知識は得られますが、経営のことはわからないでしょう。経営を理解するためには、会社での経験と戦略・マーケティングなどの数字以外の考え方も必要です。

多くの人が決算書を意識しないでよかったのはなぜでしょう？

決算書は経理部が作り、現場の人は、所属部門に関係する数値だけ見ればよかったからです。営業は売上高、製造は製造原価、人事は人件費という具合です。なぜリストラを行ったか？　なぜ売上1兆円をめざすのか？　企業価値を高めるために自分は何をすべきか？　などについて、社員が理解できないと、経営がうまく進められなくなってしまいます。経営の出来事と決算書とのつながりを考える習慣をつけることで、経営に役に立つ計数感覚を身につけることができるのです。

POINT 知識を学び、事例で理解を深めることだ

★ 簿記とは、決算書を作る技術

作る技術
簿記

作り方のルール
会計基準

決算書
- 貸借対照表
- 損益計算書
- キャッシュフロー計算書
- 株主資本等変動計算書

決算書に強いということは？

背景にあるものが見えること

背景

経営活動
- 広告宣伝をする理由
- 工場の建設理由
- 新規出店の理由
- リストラの背景

事業計画
- 売上高1兆円をめざす理由
- ROA（総資産利益率）10％がなぜ必要か

PART1 決算書の基礎（まずは基礎知識をつけよう）

2 いくら儲かって、どのくらい財産があるか知りたくない?

◎決算書は、損益計算書と貸借対照表が基本です

損益計算書は、収益－費用の計算を行い、利益か損失（あわせて**損益**という）を算出する表です。**P／L**（Profit and Loss Statement）と略されます。収益（売上高など）と費用は、通常1年間という期間で集計します。さらに、四半期（3ヵ月）や月次で集計して、年間の売上や利益の目標達成に向けて参考にしています。

損益計算書では、現金や建物などがどのくらいあって、借金はいくらかわかりません。これがわかるのが貸借対照表です。

貸借対照表は、期末などの一定時点でどのくらいの資産や借金があるかを表しています。**B／S**（Balance Sheet）と略されます。

純資産とは何ですか？

資産－借金（負債）が**純資産**です。純資産は自分の財産で、会社でいえば株主の財産ということになります。P／Lによって、1年間の利益がわかり、B／Sによって、どのような財産があるかわかります。

◎2つの決算書の関係を理解しよう

家計簿は、損益計算書と同じです。給与収入や株による配当が収益で、食費や交際費、携帯代などが費用です。

年末には、現金や預金、所有マンションや車の時価、友人への貸付金を調べましょう。その合計が資産です。さらに住宅ローンなどの借金残高を調べます。これらを一覧表にしたものが、貸借対照表です。資産－借金＝純資産を計算して、純資産が毎年増加していれば、あなたの財産は増加していることになります。決算書は、個人にとっても、会社にとっても財産（純資産）形成に必要な資料なのです。

POINT 個人の決算書を作ればわかる

★ 損益計算書は期間の経営成績、貸借対照表は期末の財産表

1 損益計算書（P／L）

収益（給与・賞与）
▲ 費用（食費・光熱費・通信費）
損益

○年1／1 ──────────────── ○年12／31

P／Lは1年間で集計する

貸借対照表 期末時点で作成

2 貸借対照表（B／S）

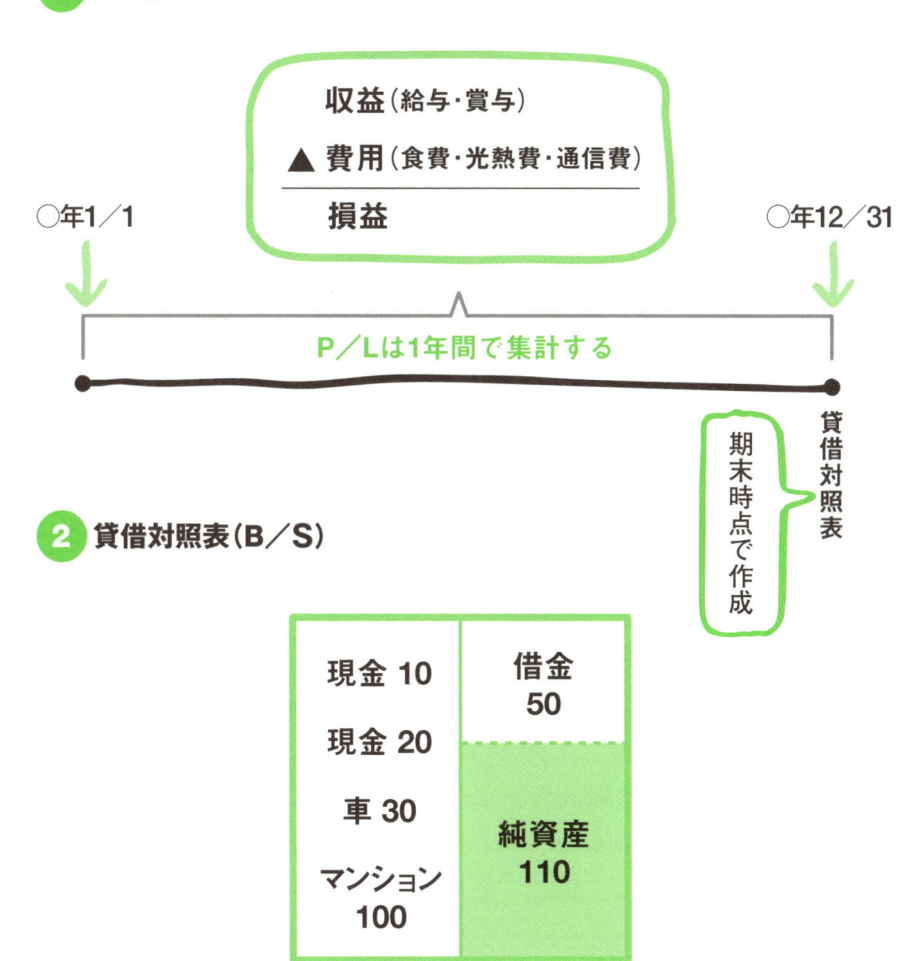

資産	負債・純資産
現金 10	借金 50
現金 20	
車 30	純資産 110
マンション 100	

資産合計＝160

資産160から借金50を控除したものを**純資産**という

1年間の経営成績として①損益計算書
期末の財産表として②貸借対照表を企業は同時に発表します。

3 キャッシュフロー計算書と損益計算書の違いは?

◎お金の動きは、キャッシュフロー計算書でつかむ

キャッシュフロー計算書は、お金（現金）が1年間でいくら増加・減少したかを表す計算表です。お金が入金されたことを収入といい、お金が出て行くことを支出と呼びます。収入－支出で収支（キャッシュフロー）を把握します。損益と収支は普通一致しません。

損益と収支が一致しない簡単な例をあげて説明して？

1月の売上高は200です。しかし代金は2月に得意先から入金される予定です。よって、1月の売上高（収益）は200ですが1月の収入はゼロです。収益（売上高）と収入は一致しないことがほとんどです。

費用と支出も一致しません。1月に商品180を現金で仕入れ、そのうち150を販売し、30は在庫になりました。150が売上原価（費用）となります。売上200－売上原価150＝利益50となります。1月の収支は、収入0－支出180で、収支（キャッシュフロー）は△180の赤字です。利益50でも、キャッシュフローは△180の赤字です。

◎損益計算書は、お金の動きを表さない

収益は、お金を受け取ったかどうかではなく、販売したかどうかで把握します。販売の事実は、商品を引き渡したかどうかで判断するため、お金の入金（収入）前に、売上高（収益）を計上するのです。

費用は、お金を支払ったかどうかではなく、費用負担が発生したかどうかで判断します。180を仕入れたのですが、売れた分だけ売上原価という費用負担が発生し、在庫30は、来月以降に売れる予定なので、売れたとき費用にします。お金が支出されても、費用として扱わないのです。この期間のズレが、収支と損益の違いになります。

POINT 損益計算書では、お金の動きが正確につかめない

⭐ 損益と収支の動きは異なる

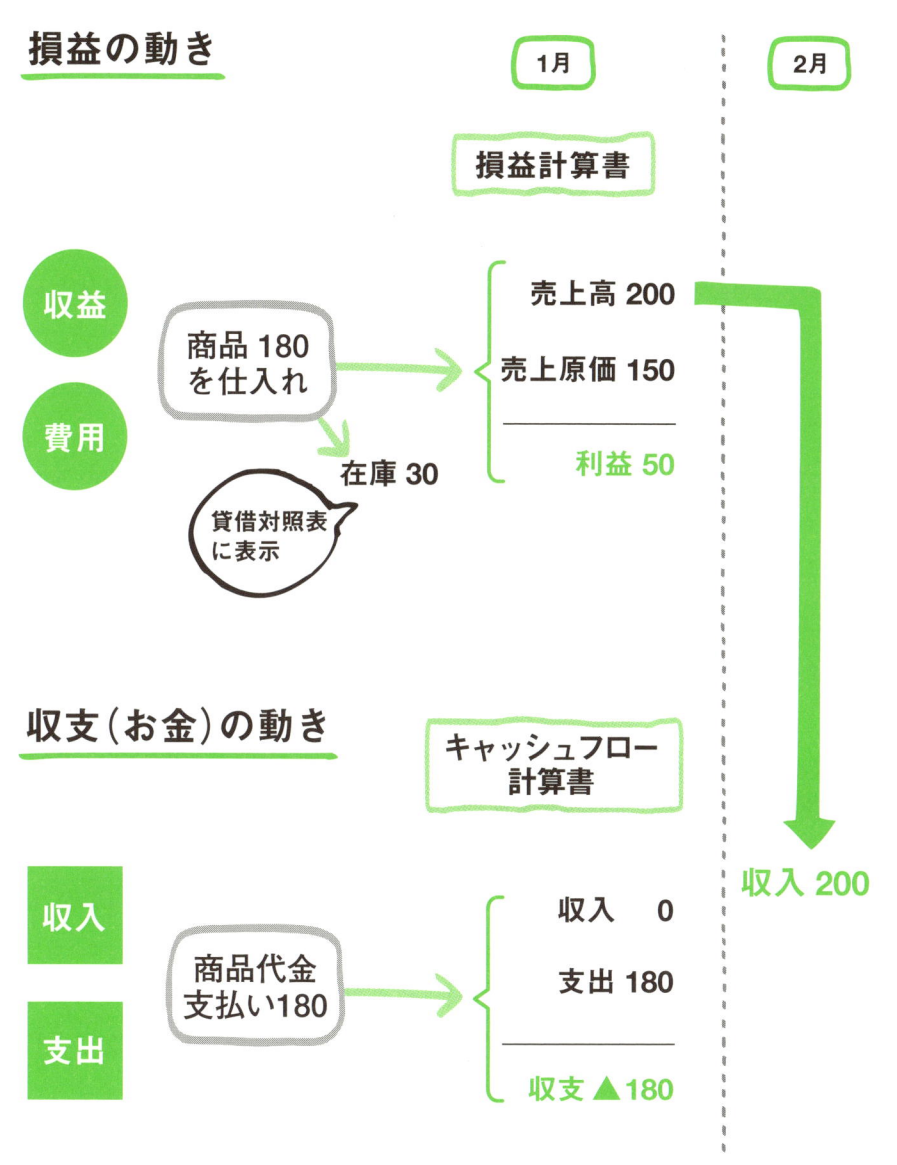

損益の動き

1月 | 2月

損益計算書

- 収益
- 費用

商品180を仕入れ → 売上高 200
　　　　　　　　　 売上原価 150
　　　　　　　　　 ─────────
　　　　　　　　　 利益 50

在庫 30（貸借対照表に表示）

収支（お金）の動き

キャッシュフロー計算書

- 収入
- 支出

商品代金支払い180 → 収入　0
　　　　　　　　　　 支出 180
　　　　　　　　　　 ─────────
　　　　　　　　　　 収支 ▲180

収入 200（2月）

通常、利益が先に出て、収支は、後からついてくるのです。

4 貸借対照表、損益計算書、キャッシュフローの関係は？①

◎ **貸借対照表の変化を理解しよう**

貸借対照表、損益計算書、キャッシュフローの関係を説明します。
①資本金1000を用意し、会社を設立しました。右図①は、資本金というお金を調達し、現金（資産）で保有している状況を示しています。
②事務机、椅子などの備品を購入しました。現金1000が700に減少しました。その代わり300の備品が資産として加わりました。
③商品400を現金で仕入れました。現金が400減って、商品400と入れ替わりました。
④商品200を300で販売し、代金は現金で受け取りました。損益計算は、売上高300−売上原価200＝利益100です。資産合計が利益100だけ増加し、1100となりました。左右のバランスが崩れたので、差額の利益100は資本金の下に表示し、**純資産**1100となります。

◎ **キャッシュフローは現金に影響、利益は純資産に影響する**

現金の動きを追えば、キャッシュフローが把握できます。②〜④で収入はいくらでしょうか。売上高300が収入です。

支出はいくらでしょうか。備品購入300＋商品購入400＝支出700ですね。そうすると、収入300−支出700＝△400と収支（キャッシュフロー）は赤字です。売上高（収益）と売上収入は300で一致していますが、費用（売上原価）200と支出700には大きな違いがあります。利益が出ても資金繰りが苦しい現実を示しています。

損益計算書で利益は100でした。貸借対照表の左右の差額と一致しています。一方、キャッシュフローは400の減少でした。①のスタート現金1000が400減少して、④の時点で、600となっています。

POINT 商売を経験して、資金繰りの苦労を知ろう

★ 損益と収支の動きは異なる①

① 資本金として現金1,000を用意し会社を設立。

| 現金 1,000 | 資本金 1,000 |

② 机などの備品を300で現金購入。

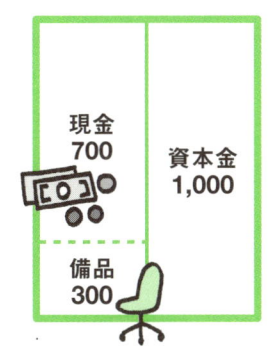

| 現金 700 | 資本金 1,000 |
| 備品 300 | |

③ 商品を400で現金仕入。

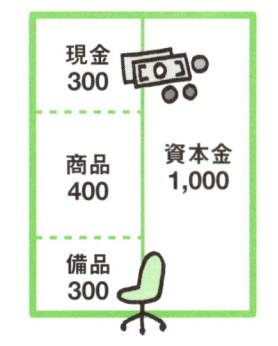

現金 300	資本金 1,000
商品 400	
備品 300	

キャッシュフロー計算書

収　入	300
支　出	700
├ 備品	300
└ 仕入	400

A　収　支　△400
B　初期現金　1,000
A＋B④の現金　600

④ 商品200分を300で販売、代金は現金で受け取る。

純資産

現金 600	資本金 1,000
商品 200	
備品 300	利益 100

資産合計 1,100

損益計算書

売上高	300
売上原価	200
利益	100

5 貸借対照表、損益計算書、キャッシュフローの関係は？②

◎仕入し、販売をしても、お金が動かないことがある

「勘定合って銭足らず」といいますが、利益が出ているのに、資金繰りがうまくいかず倒産してしまう**黒字倒産**は典型的な例です。

商売は、仕入はツケで、販売代金も後日受け取るのが一般的です。

ツケで商売した場合の動きを説明ください？

⑤新たに商品300を仕入れ、支払いは翌月払う予定です。商品は300増加して500となりました。支払いは翌月のため、現金は減少していない（キャッシュフローに変化がない）ことを確認してください。支払い予定は、代金支払いの義務を示す**買掛金**という勘定科目で記録します。買掛金は、仕入先からの借入を意味しています。

⑥商品300を600で販売しました。販売代金は受け取りません。請求して現金回収する予定です。このため現金は増加しません。そして代金を受け取る権利の**売掛金**という勘定科目で記録します。

◎利益は増加するが、お金は増加していない

⑥の損益計算は、売上高600－売上原価300＝利益300となりますね。①～⑥の損益計算は、売上高900－売上原価500＝利益400です。これに対して⑤、⑥では、キャッシュフローの動きはありません。現金の残高は、600のままです

⑥では利益が300出ているのに、キャッシュフローは増加していない状況をよく見てください。ツケで商売するとお金がなくても取引ができるのです。このような商売を**信用取引**と呼び、少ない資金で大きな商売が可能になるカラクリです。信用は個人より会社のほうが高いので、会社を設立して商売する人が多いのです。

POINT ツケで商売すると、大きな商売が可能になる

★ 損益と収支の動きは異なる②

❺ 新たに商品を300で仕入れた。支払いは、後日支払う掛仕入。

現金 600	買掛金 300
商品 500	資本金 1,000
備品 300	利益 100

❻ 商品300分を600で販売した。代金は来月受け取る約束。

現金 600	買掛金 300
売掛金 600	資本金 1,000
商品 200	
備品 300	利益 400

キャッシュフロー計算書

収　入	300
支　出	700
備品	300
仕入	400

A　収　支	△400
B　初期現金	1,000
A＋B	600

損益計算書

売上高	900
売上原価	500
利　益	400

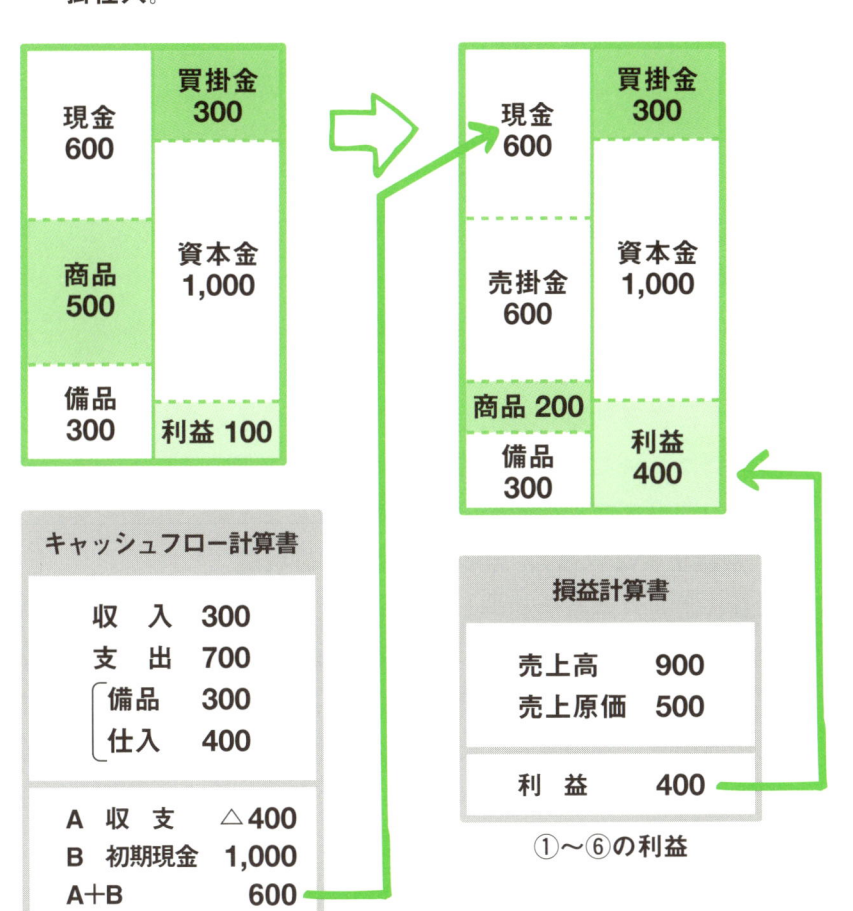

①〜⑥の利益

⑤と⑥では、キャッシュフローの動きはない。

6 利益にはどのような種類があるでしょう？

◎ 売上総利益は粗利益、営業利益は本業の儲け

売上高から売上原価を控除し、**売上総利益**を算出します。いわゆる**粗利益**です。売上原価は業種によってその内容に違いがあります。

業種による違いって何ですか？

小売業は、販売した商品の仕入原価が売上原価です。製造業ならば、販売した製品の製造原価が売上原価です。

仕入れた商品や製品すべてが売上原価になりません。売れ残りは在庫で、貸借対照表に記載します。売上総利益から販売費及び一般管理費を控除して、**営業利益**を算出し、**本業の儲け**を示します。販売費及び一般管理費は、営業活動に関係する費用の販売費と主に本社の経理や人事などの間接部門で発生する一般管理費をまとめた用語です。

◎ 経常利益は正常な収益力、当期純利益は最終利益

営業利益に営業外収益を加算し、営業外費用を控除すると**経常利益**が算出されます。これまで加味してきた費用はすべて正常なものであるということで、**正常な収益力**を示します。営業外という意味は、本業とは直接関係ないという意味です。資金が余れば運用して受取利息や受取配当金が発生し、借りれば支払利息が発生します。代表的な営業外損益項目です。有価証券売却損益などもそうです。

経常利益に特別利益、特別損失を加減すると**税引前当期純利益**が算出され、法人税・住民税・事業税を控除して当期純利益が算出されます。当期純利益は**最終利益**であり、配当などの財源となります。

特別利益は土地や子会社株式などの売却益で、特別損失は災害やリストラなど不測の事態の損失で、異常な項目を表示します。

POINT 売上総利益、営業利益、経常利益、税引前当期純利益、当期純利益

⭐ 利益の性格を理解しよう

純売上高（総売上高 − 値引き・返品）

▲売上原価

売上総利益 ← 粗利益

▲販売費及び一般管理費（人件費、広告費、交通費、交際費などの必要経費）

営業利益 ← 本業の儲け

＋営業外収益（受取利息、受取配当金、有価証券売却益）

▲営業外費用（支払利息割引料、有価証券売却損・評価損）

経常利益 ← 正常な収益力

＋特別利益
▲特別損失 ｝ 土地、設備の売却損益や巨額の損失、持ち合い株の売却損益

税引前当期純利益

▲法人税・住民税・事業税

当期純利益 ← 最終利益

7 売上原価はどうやって把握する?

◎ 卸・小売業の売上原価は、たな卸で決まる

卸・小売業の1年間の売上原価を計算してみましょう。

①期首の商品在庫額200、②当期の商品仕入高10000③期末の商品在庫額100とします。①＋②－③＝10100が売上原価になります。この場合、③期末の商品在庫額は、在庫数量を実際に確認し（**実施たな卸**）、経理部が把握している仕入単価を掛けて把握します。翌期においては③の金額が①の期首の商品在庫額になります。

低価法というのは何ですか？

期末に商品の実売価格（時価）が下がり、仕入単価より低くなるケースがよく起こります。テレビ、パソコン、日用品など価格競争が激しい商品にみられます。通常、在庫額は仕入単価で算出（**原価法**）しますが、**低価法**では、低い時価で在庫額を算出します。原価と時価の差（**商品評価損**）は売上原価に算入され、売上総利益は減少します。

◎ 製造業の売上原価は原価計算の情報が必要になる

製造業では、材料を仕入れ、加工し、製品（完成品）にします。製品が販売されると、製造原価を売上原価として計上するため、製造原価を計算しておかないと売上原価を把握できません。

製品原価の計算の流れを説明してください？

製品原価を計算するには、工場で発生した費用（原価）を**材料費**、**労務費**、**経費**ごとに集計（**原価の3要素**）し、原価計算を行います。原価計算を行えば、製品の1個当たりの原価もわかるので、卸・小売業の商品と同じように、売上原価を計算します。完成していないものは**仕掛品**として集計し、在庫として貸借対照表に計上します。

> **POINT** 卸・小売業と製造業に分けて理解するといい

★ 業種別売上原価

● 卸・小売業の売上原価

商品の総入庫高	商品の出庫・在庫高	
期首商品在庫	商品売上原価	→ 損益計算書の売上原価
当期商品仕入	商品評価損	商品評価損として売上原価に算入
	期末商品在庫	→ 貸借対照表のたな卸資産

> 低価法は、期末の時価が低下したとき、時価で在庫を評価する方法で、値下がり分は、商品評価損として、一般的には、売上原価に算入される。

● 製造業の売上原価

工場の費用

原価の3要素
- 材料費
- 労務費
- 経費

↑ 当期総製造費用

原価計算

製品の総入庫	製品出荷・在庫	
期首製品在庫（当期完成分）	製品売上原価	→ 損益計算書の売上原価
当期製品製造原価	製品評価損	製品評価損として売上原価に算入
	期末製品在庫	→ 貸借対照表のたな卸資産

- 仕掛品 — 未完成品の在庫 → 貸借対照表のたな卸資産
- 未使用材料 →

8 販売費及び一般管理費の内容は？

◎ 費目別にまずイメージしよう

　販売費及び一般管理費は、販売管理費とか販管費などと略して呼ばれることがあり、製造部門以外で発生する必要経費です。製造部門で発生する費用は、原価の3要素（材料費、労務費、経費）に分けられ、製造原価を経て売上原価という費用になりましたね。

　販売費は、営業活動を行うにあたって発生する費用です。営業部門の給与・賞与、営業交通費、広告宣伝費などです。

　一般管理費は、会社の全般的な業務管理に必要になる費用です。すなわち総務、人事、経営管理などの管理部門で発生する費用です。本社費というイメージで、地代家賃、消耗品費などさまざまです。

◎ 研究開発費は、使った会計年度の費用とする

　費目別に集計するだけでは、把握できない費用があります。**研究開発費**がその例です。研究開発費は、新しい知識の発見を目的とする調査及び探求のための費用です。材料費や人件費やその他設備の減価償却費などの費用が含まれているので、これらを集計しないと把握できません。通常、一般管理費として計上されます。

最近、研究開発費予算が減らされたのですが、なぜでしょう？

　研究開発は長期間を要し、成功するかも不透明です。このため早めに費用にするほうが健全であるという理由で、2000年3月期より、発生した期に費用にすることが義務化されました。研究開発型企業では、売上高の3％以上が研究開発費を占め、短期的には利益の減少要因となっています。医薬品業界では、莫大な研究開発費の捻出の必要性から、M＆Aが多く起こっています。

POINT 製造部門以外の必要経費である

★ 販売費及び一般管理費と研究開発費

● 販売費及び一般管理費とは？

販売費 ⇨ 営業活動を行うにあたって生じる費用

販売員給与・賞与、営業交通費、広告宣伝費、発送配達費
容器包装費、保管費

一般管理費 ⇨ 会社全般の業務の管理活動に必要な費用

経理、総務、管理部の給与・賞与、役員報酬
地代家賃・減価償却費、通信費、交通費、水道光熱費

● 研究開発費とは？

研究とは、新しい知識の発見を目的とした計画的な調査及び探究をいう。

開発とは、A：新しい製品・サービス・生産方法についての計画もしくは設計、
　　　　　B：既存製品を著しく改良するための計画もしくは設計として、
　　　　　研究の成果その他の知識を具体化することをいう。

研究開発費
※発生した期の費用に計上

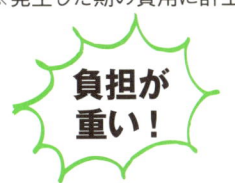

負担が重い！

⇦ 集計 ⇦

❶ 材料費

❷ 研究開発員の人件費（労務費）

❸ 関連経費
● 減価償却費
● 賃貸料

9 本業で儲かっていないのに、なぜ増益なのだろう？

◎ 資金運用で得た収益が営業外収益

　業績が低迷すると、売上高、営業利益とも減少します（**減収減益**という）。しかし、経常利益で見ると増加している（増益）企業があります。なぜでしょう。余ったお金の運用として、株式などに投資し、その売却益（**有価証券売却益**）や**受取利息**を営業外収益に計上し、経常利益を増加させるからです。また大手の会社（親会社）は、子会社の儲けを配当（**受取配当金**）で、親会社に吸い上げます。

　このように手元資金を預金や有価証券で運用（財務活動）したり、子会社に投資（投資活動）したりして、収益を得ることは本業以外でも認められ、この収益が**営業外収益**です。本業が不振でも営業外で稼げれば経常利益はアップします。戦略的には問題ですが……。

◎ 支払利息などが営業外費用

　営業外費用は、本業と関連しない費用で、投資活動や財務活動により発生する費用（**金融費用**）です。借入などで発生する**支払利息**、社債の発行により発生する**社債利息**、**有価証券売却損**や**有価証券評価損**などが営業外費用です。

営業外費用を見るポイントは、何ですか？

　支払利息に注目することです。たとえば、販売先の倒産などで販売代金の回収ができなくなったり、売上不振で在庫が売れ残ったりで、入ってくるお金が不足し、資金繰りが悪化します。不足分は銀行などから借り入れますが、借入金の増加は、支払利息の増加につながり、さらに金利がアップすれば負担が増し、経常利益を圧迫します。営業外費用の増加はこんな経営状態を反映します。

POINT 営業外損益に注目してみよう

★ 営業外損益とは？

営業利益 ⇐ 本業の儲け

＋営業外収益
- 受取利息
- 受取配当金
- 有価証券売却益
- 受取保険金

⇒ **このほか以下のものがある**
- 遊休資産の賃貸収入、持分法による投資利益（連結のみ）
  ⇒ 関連会社があげた利益の株式の持分相当額

△営業外費用
- 支払利息
- 社債利息
- 有価証券売却損
- 有価証券評価損
- 支払信用保証料

⇒ **このほか以下のものがある**
- 盗難、紛失などのロスも営業外費用にすることがある（ただし、巨額なものは特別損失）
- 持分法による投資損失（連結のみ）
- のれん償却

経常利益 ⇐ 正常な収益力

本業の儲けを示す営業利益に、支払利息や受取利息などの財務活動の内容を影響させると本業の商品やサービスの販売力が見えなくなってしまうので、営業外という区分があるのです。国際会計基準では、経常利益がないので、税引前当期純利益を経常利益とみなして分析することがあります。

10 前期まで利益が出ていたのに今期は大赤字なのは？

◉ 土地の売却益は、特別利益に計上して利益アップを狙う

　本業の業績悪化で営業利益が減少し、支払利息などの営業外費用が増加し、経常利益が減少しました。そんなとき踏ん張って、当期純利益で増益を確保しようとする会社があります。

　なぜそんなに無理して増益を確保しようとするのでしょうか？

　理由の一つに当期純利益を黒字にして、配当原資を確保するためです。配当性向（当期純利益のうち配当に回す割合）を公約している上場会社では、よく見られます。

　どうやって当期純利益を確保するのでしょうか？

　含み益がある土地などを売却するのです。貸借対照表に土地は買ったときの値段でのっています。これを売れば**固定資産売却益**（特別利益）がでます。投資有価証券などを売却することもあります。

◉ リストラで、特別損失を計上すれば、経常黒字が帳消しになる

　業績が悪化すると、リストラで多額の**早期退職金**を支払い、店舗閉鎖で備品などの**固定資産除却損**が発生し、特別損失が膨らみます。

　固定資産は、毎年、取得原価（買った金額）から減価償却費だけ減らして、その残高（帳簿価額）を貸借対照表に計上します。しかし上場会社は業績が悪化したときに、固定資産が利益に貢献していないと判断されれば、貢献していない金額を**減損損失**として計上しなければなりません。これを**減損会計**といいます。減損があれば、減価償却費以上に固定資産の価値を減少させる必要があります。つまり、固定資産を保有している上場会社は損失が膨らむ可能性を秘めているのです。利益がでない部門を抱えている上場会社は要注意です。

POINT 固定資産などに損失が隠れていたからだ

★ 特別利益、特別損失とは？

経常利益 ⇐ 正常な収益力

＋特別利益
- 土地などの売却益（固定資産売却益）
- 子会社株の売却益

⇒ このほか以下のものがある

以前に、貸倒損失で処理したが一部戻ってきた場合（償却済債権取立益）
⇒ 前期の損益修正である

△特別損失
- 固定資産の廃棄などによる損（固定資産除却損）
- 固定資産売却損
- 減損損失

⇒ このほか以下のものがある

多額の貸倒損失（債権が回収できない額）
※金額が小さければ、販売費か営業外費用

税引前当期純利益

△法人税・住民税・事業税

当期純利益 ⇐ 最終利益

> 特別利益や特別損失に計上されるものは、①金額が巨額のもの ②前期に損失または利益として処理したが、それを修正する必要があるとき（前期損益修正）で、正常な期間の儲け（経常利益）の計算に入れないほうがいいもの。

PART1 決算書の基礎（まずは基礎知識をつけよう）

11 貸借対照表が苦手ではないですか？

◉ 貸借対照表は左右で理解する

　会社経営とは、お金を調達して、そのお金を事業に投資し、投資したお金を増やすことです。そのお金の調達先を表しているのが貸借対照表の右側（**負債**と**純資産**）です。お金の投資先を表すのが左側（**資産**）です。経営活動によって、投資した資産を活用してお金を増やすわけです。簡単にいえば、貸借対照表は、一定時点のお金の調達とその運用を表す一覧表です。

🙋 もう少し具体的に説明してください？

　わかりました。右側のお金の調達の例をあげましょう。**借入金**や**資本金**が代表例です。借入金は、金融機関への返済を要する負債です。資本金は返済を必要とせず、出資者である株主のもので、純資産の一部です。借入金（負債）と資本金（純資産）の合計は**総資本**といい、お金の調達総額を示します。

🙋 流動負債と固定負債の違いは何ですか？

　流動負債は、１年以内に返済しなければならないもので、１年以上先に返済する（支払う）ものは**固定負債**です。

◉ 左側の資産についても例をあげましょう

　資産は、お金に性格が近いものから並べるルール（**流動性配列法**）があります。これに従い、現金・預金、売上債権（受取手形と売掛金）、有価証券（売買目的に限る）、在庫（たな卸資産）などの**流動資産**を先に表示し、建物、機械装置、車両運搬具、土地などの**固定資産**をその後に並べます。**繰延資産**は、すでに支出されたが効果が数年に及ぶため、将来の費用として繰延が認められたものです。

POINT 資産、負債、純資産の全体像をイメージでつかもう

★ 貸借対照表の全体像をつかもう

貸借対照表

資産	流動資産	負債	流動負債
	固定資産		固定負債
	繰延資産	純資産（株主資本）	

⇩

資金の使途
お金をどのように使ったか

資金の源泉
お金をどこから調達したか

資産	流動資産	当座資産	現金・預金 売上債権 有価証券	負債	流動負債	買入債務 短期借入金 未払金 預り金など
			たな卸資産		固定負債	社債 長期借入金 退職給付金引当金
			その他の流動資産			
	固定資産		有形固定資産 無形固定資産 投資その他の資産	純資産（株主資本）		資本金 資本剰余金 利益剰余金
	繰延資産					
資産合計（総資産）				負債・純資産計（総資本）		

> 繰延資産は株式交付費、創立費、開業費、開発費などがあります。しかし財務の健全性から、できるだけ支出した期に費用にすべきなので、あまり使われません。

12 流動・固定を分類する基準をご存知ですか？

◎ 1年基準（ワン・イヤールール）が原則

　貸借対照表の資産は、お金に性格が近いものから並べるルールがあります。これが**流動性配列法**です。しかし、お金に近いといっても具体的にはどう判断したらいいでしょうか。そこで**1年基準（ワン・イヤールール）**と呼ばれるルールがあります。1年以内に現金になる可能性が高いものは、流動資産とするルールです。それ以外のものは固定資産になります。

🙍 3年定期は固定資産ですか？

　そのとおりです。3年定期は、固定資産の**投資その他の資産**に分類されます。よって6ヵ月定期は流動資産です。

　1年基準は負債にも適用します。1年以内に返済期限が来る負債は流動負債で、それ以外は固定負債です。

◎ 正常営業循環基準で例外をカバーする

　1年基準では分類できないケースがあります。建設業や不動産業の販売用のマンションなどは、たな卸資産（在庫）ですが、販売するまでに1年以上かかるケースもあります。1年基準だとこれらの在庫は固定資産になってしまいます。しかし1年以上かかることが正常な営業サイクルであれば、流動資産にするというルールが正常営業循環基準です。売上債権（受取手形、売掛金）、商品などのたな卸資産、買入債務（支払手形、買掛金）などに適用されます。

🙍 半年で通常売れるのに、2年以上売れ残っているマンションは？

　正常な営業サイクルから外れていると判断すれば、不良在庫として固定資産の投資その他の資産へ表示を移す必要がありますね。

> **POINT** 1年基準や正常営業循環基準がある

★ 資産・負債の分類基準

● 1年基準（ワン・イヤールール）

1年以内に現金化される資産は流動資産
1年以内に支払期限が到来する負債は流動負債

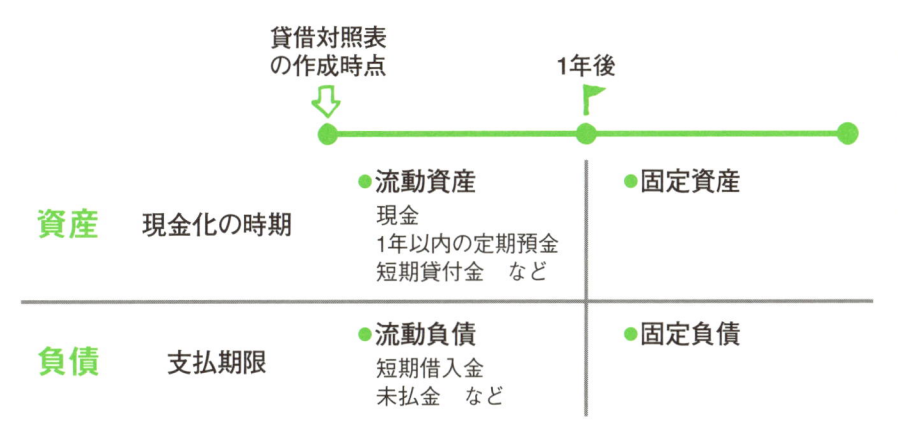

		貸借対照表の作成時点 →	1年後	
資産	現金化の時期	●流動資産 現金 1年以内の定期預金 短期貸付金　など	●固定資産	
負債	支払期限	●流動負債 短期借入金 未払金　など	●固定負債	

● 正常営業循環基準

正常な営業サイクルで現金化されれば、流動資産
正常な営業サイクルで支払期限が到来すれば流動負債

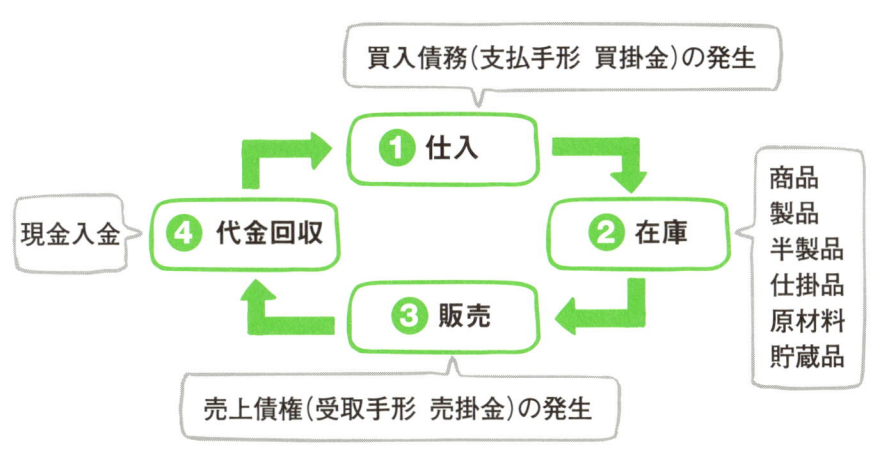

```
          買入債務（支払手形 買掛金）の発生
                    ↓
          ┌──→ ❶仕入 ──┐
          │              ↓
現金入金 ─ ❹代金回収    ❷在庫  ── 商品／製品／半製品／仕掛品／原材料／貯蔵品
          ↑              │
          └── ❸販売 ←──┘
                    ↑
          売上債権（受取手形 売掛金）の発生
```

> 営業サイクルとは、❶仕入〜❹代金回収までの流れである。

13 サービス業でも在庫はありますよ？

◎当座資産とたな卸資産の違いを理解しよう

　流動資産は、**当座資産**、**たな卸資産**、**その他の流動資産**に分類されます。特に当座資産と流動資産の違いが重要です。**たな卸資産**は販売を経てお金になるのに対して、当座資産は販売を経ないでも容易にお金にすることができる資産です。

当座資産とたな卸資産の区別はなぜ必要なのですか？

　流動資産は、1年以内にお金になる可能性の高い資産群です。所有しているお金が多ければ、支払い能力も高いと判断されます。販売を経てお金になるたな卸資産は、支払い手段としてはややリスクがあります。確実にお金になる当座資産のほうが、支払い手段としてあてにできるのです。流動資産の金額が同じなら、当座資産を多く所有しているほうが、支払い能力は高いと判断されます。

◎たな卸資産とその他の流動資産の内容

　たな卸資産は、商品、製品、半製品、仕掛品、原材料、貯蔵品です。商品は流通業の在庫、製品は製造業の在庫、仕掛品は製造業の未完成品、半製品は製造途中だが、そのものでも販売可能なもの。たとえば、お酒やビールの中身は半製品で、ビンにつめると製品です。

貯蔵品とは何ですか？

　意外と知られていません。生産・販売支援活動、一般管理活動のために使用する資産で、未使用のものです。事務用品、包装用材料、カタログなどです。使った分は費用にしますが、未使用分は期末にたな卸して、貯蔵品に計上します。会社案内や販促パンフは、どのような会社でもあるでしょう。サービス業でも在庫はあるのです。

POINT 流動資産の内容をしっかり理解しよう

★ 流動資産の内容を知ろう

● 当座資金とたな卸資産の違い

当座資産は、販売を経ないでも資金化できる資産

この違いがpoint

たな卸資産は、販売を経て資金化するため、お金にならない可能性も高い

流動資産	当座資産 現金・預金 売上債権 有価証券	流動負債	買入債務
			短期借入金 未払費用
	たな卸資産		
	その他流動資産	固定負債	
固定資産		純資産 (株主資本)	

その他の流動資産には、短期貸付金、前払費用(翌期の家賃や支払利息など、費用の前払分)、立替金などがあります。

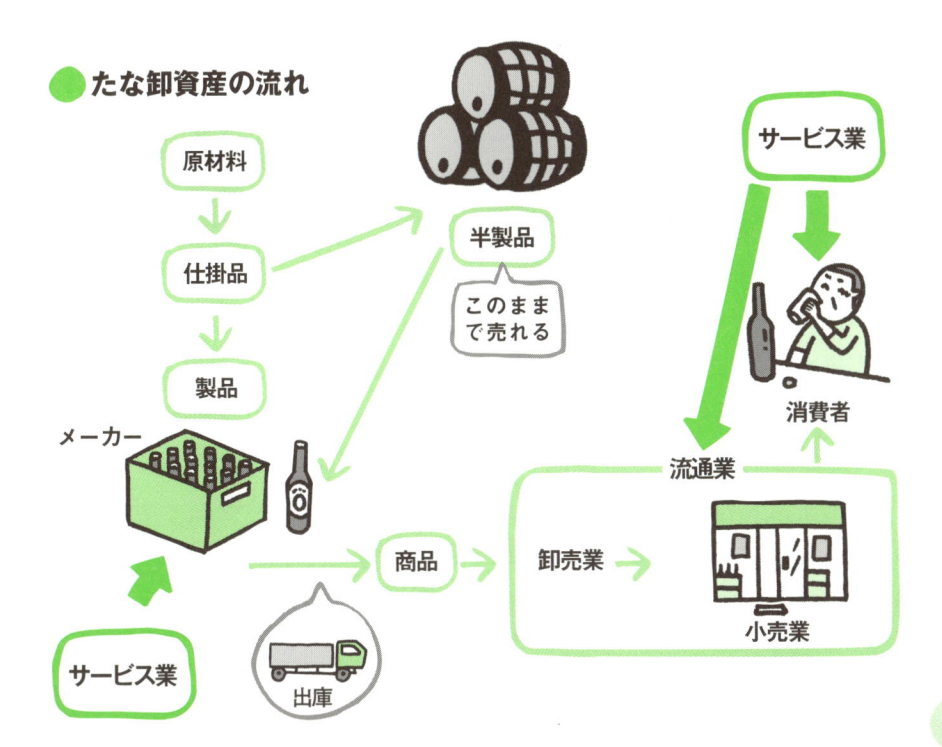

● たな卸資産の流れ

原材料 → 仕掛品 → 製品

半製品（このままで売れる）

メーカー → 商品 → 卸売業 → 小売業 → 消費者

流通業

サービス業

出庫

PART1 決算書の基礎（まずは基礎知識をつけよう）

14 車や建物が固定資産にならないケースは？

◎ 固定資産は3つに分類される

有形固定資産は、生産・販売活動を推進していくにあたり使用される設備などです。具体的には、建物・構築物、機械装置、車両運搬具、工具器具備品、土地、建設仮勘定があります。

無形固定資産は、法律上の権利などで、会社が利益を生み出していくための原動力となるものです。M＆Aなどで発生する**のれん**や特許権、商標権、実用新案権、**ソフトウェア**などがあります。

投資その他の資産は、**子会社株式**、**関連会社株式**などの支配目的の投資、提携関係で保有する**投資有価証券**のほか、長期貸付金などがあります。テナント料として支払う敷金・保証金も含まれます。

ソフトウェアの扱いについて教えて？

原則論ですが、販売用ソフトウェアの最初のコピー用製品マスター完成までの制作費（研究開発費は除く）、それ以後、改良・強化するための制作費は原価計算して無形固定資産に計上し、見込み販売期間で減価償却します。自社利用のソフトウェアの制作費も無形固定資産に計上し、減価償却を行います。

◎ 車や建物でも固定資産にならないケース

工場や本社ビルなどは事業のために活用して、利益に貢献します。利益に貢献できないならば、固定資産の価値はないと見て、貸借対照表の金額を特別損失（減損損失）として損益計算書に計上します。

不動産会社の販売用マンションは固定資産ではなく商品です。賃貸用マンションは販売しないので有形固定資産です。ディーラーの販売用の車は商品ですが、営業用の車は、有形固定資産です。

POINT 固定資産の内容と役割を理解しよう

★ 固定資産は、役割によって、表示区分が変わる

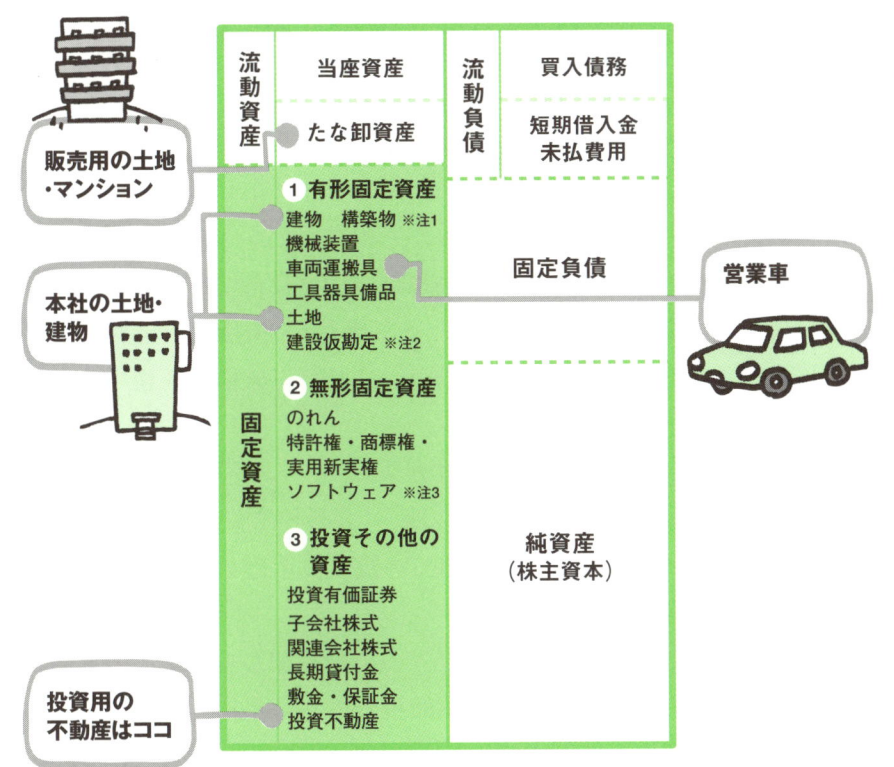

	流動資産	当座資産	流動負債	買入債務
		たな卸資産		短期借入金 未払費用

販売用の土地・マンション → たな卸資産

固定資産

① 有形固定資産
建物　構築物 ※注1
機械装置
車両運搬具
工具器具備品
土地
建設仮勘定 ※注2

本社の土地・建物 → 有形固定資産
営業車 → 車両運搬具

② 無形固定資産
のれん
特許権・商標権・実用新実権
ソフトウェア ※注3

③ 投資その他の資産
投資有価証券
子会社株式
関連会社株式
長期貸付金
敷金・保証金
投資不動産

投資用の不動産はココ → 投資不動産

固定負債

純資産（株主資本）

注1
構築物は、橋、桟橋、岸壁、貯水池などの土地に定着している土木設備や工作物です。

注2
建設仮勘定は、建設中の本社ビルや工場などの有価固定資産に対する支出を計上する勘定。完成すると、建物等の固定資産に振り替え、その時点から減価償却をスタートする。
土地と建設仮勘定は、減価償却を行いません。

注3
販売用ソフトウェアのコピー用製品マスターの制作費は、それ自体が販売されるわけではないので無形固定資産に計上するのです。その後、見込み販売期間内で、減価償却します。

15 借金といってもいろいろあるのです？

◎負債は2つに分類される

　貸借対照表を作成した時点の翌日から起算して1年以内に返済する必要がある負債が流動負債で、これ以外が固定負債です。

　流動負債は、**買入債務**（買掛金と支払手形）、**未払金**、金融機関からの借入である**短期借入金**、税金などの未払いは**未払法人税**や未払消費税などとして表示します。

買入債務と未払金の違いは何ですか？

　商品や材料など仕入先との通常の取引での代金未払分は買入債務で、備品などの購入（営業取引以外での購入）の際の未払分は未払金です。

　固定負債は、返済期限が1年以上先の金融機関からの借入の**長期借入金**、会社が自らの信用でお金を一般投資家から集めるために発行した**社債**、社員の退職に備えて積んだ**退職給付引当金**などが代表例です。

◎引当金は、将来の費用発生が確実なので、早めに費用にしたもの

　退職給付引当金で考えてみましょう。退職金を支払うのは、社員が退職するときですが、ある年に1年間働いた場合、会社として退職金の支払い義務が1年分発生しています。そこで支払い義務の発生額を今期の費用に計上するとともに、将来の支払い義務として**退職給付引当金**という名称で負債に計上するのです。支払いは1年以上先の退職時なので、固定負債になります。

　引当金を設定すると、××**引当金繰入**という名称で、今期の負担分を費用にします。しかし設定時点ではお金は出ていかないので、引当金の設定分だけお金が会社に残ります。

POINT 負債の内容を理解しよう

★ 流動負債と固定負債

流動資産	当座資金	流動負債	買入債務（支払手形・買掛金）
	たな卸資産		短期借入金
			未払金
			未払法人税
			未払消費税
			賞与引当金
固定資産	有形固定資産	固定負債	社債
	無形固定資産		長期借入金
	投資その他の資産		退職給付引当金
		純資産（株主資本）	

引当金の設定要件

1. 将来の特定の費用または損失（収益の控除を含む）で、
2. その発生が当期以前の事象に起因していて、
3. その発生の可能性が高く、
4. 金額を合理的に見積もれること

引当金の種類（例）

退職給付引当金
ポイント引当金
賞与引当金
返品調整引当金
製品保証引当金
修繕引当金

● 引当金を設定することは…

→ 利益の一部を支払い財源として確保することを意味する

現金 800	買掛金 400
	資本金 500
在庫 300	
機械 200	利益 400

引当金を200に設定した。

現金 800	買掛金 400
	引当金 200
	資本金 500
在庫 300	
機械 200	利益 200

利益の一部を積み立てたことになる

損益計算書

売上	1,000
△費用	600
利益	400

売上	1,000
△費用	600
△引当金繰入	200
利益	200

PART1 決算書の基礎（まずは基礎知識をつけよう）

16 純資産とは、いったい何でしょうか？

◉ 純資産は、実物の資産ではない

　純資産を見せてくれといわれても、見せることはできません。資産－負債で求められる計算上の数値だからです。資産合計が**総資産**で、負債をすべて返済して、残った資産が**純資産**というわけです。

　資産は、銀行や社債権者、株主のものですが、どの資産はだれのものという区別はしないので、純資産は、資産に対する株主の持分がいくらかということを示すにすぎないのです。

では資本金などの表示は何を意味しているのですか？

　資本金と資本剰余金は、かつて株主が振り込んだお金の記録です。振り込んだお金の分だけ、資産に対する権利があり、100万円出資すれば、資産のうち100万円分は株主の持分と考えます。しかしどの資産が株主のものか決まっているわけではありません。また、具体的な使い方を決めるのは、経営者です。

◉ 純資産が利益で増えているとき、会社は儲かっている

　純資産が増えるケースは2つあります。①株主からの出資と②当期純利益が出るケースです。①は事業スタートやリストラの際の資本増強のケースです。会社が儲かっていると判断できるのは、当期純利益が黒字⇒利益剰余金が増加⇒純資産が増えている場合です。

資本金が増えても利益剰余金が増えないとだめなんだ？

　そうです。資本金は、事業のスタート時点で増やしますが、スタート後に儲かって増えるのが当期純利益であり、利益剰余金（過去の利益の蓄積分）です。結果として純資産は増加します。利益剰余金の割合が大きな会社は、これまで儲かった会社です。

POINT 会社資産に対する株主の持分を表す

★ 純資産の増加の理由

● 純資産の内容

お金の使い方　お金の調達内容

（資金提供者）

資産	負債 買入債務 借入金 社債
	純資産 （株主資本） ①資本金 ②資本剰余金 ③利益剰余金

負債 ← 仕入先、銀行、社債権者などの持分であり、提供したお金の内容

資産は、右側の資産提供者のもの

①資本金・②資本剰余金 → 株主からの出資を示す
③利益剰余金 → これまでの当期純利益の合計

← 株主の持分であり提供したお金の内容

> ❶ ①資本金と②資本剰余金は株主からの資金の記録を示し、③利益剰余金は事業で増加した株主の持分を示している。
> よって純資産（①＋②＋③＝資産－負債）は、株主の持分であるので、株主資本または**自己資本**ともいう。
>
> ❷ 株主から出資を受けると、原則、資本金とするが、半分までは資本金にしないで、資本剰余金とすることも可能。いろいろな法律で、資本金を基準に規制も決められる傾向があるので、出資額の一部を資本金にしないという事情もある。

● 良い純資産の増加のイメージ

資産	負債
	資本金
	利益剰余金

……▶

資産	負債
	資本金
	利益剰余金

> 利益剰余金が増加しながら、純資産が増加すると
> ⇨ 株主の持分が増加 ⇨ 株価アップ

PART1　決算書の基礎（まずは基礎知識をつけよう）

17 お金に色をつけてみよう？

●営業キャッシュフロー（収支）と営業利益は違います

　キャッシュフローは3つに分類できます。まず**営業活動によるキャッシュフロー（営業キャッシュフロー）**です。収入は、①売上収入（商品などの販売代金が入金されたもの）で、支出は②仕入代金の支払い、③販売費の支払い、④一般管理費の支払いなどです。①−（②+③+④）が営業キャッシュフローです。

営業利益の計算と似ていますね？

　いい目のつけどころですね。支払っていなくても費用となるもの（**未払費用**）や、払っていても費用にしないもの（**前払費用**）があるので、支出と費用は異なるのです。営業利益がお金になったイメージです。実際には⑤法人税・住民税・事業税の支払いと⑥利息の支払いも支出とし、⑦利息と配当の受取り額を収入に加えます。

◆投資キャッシュフローは投資に関連したお金です

　次に**投資活動によるキャッシュフロー（投資キャッシュフロー）**です。投資活動は、⑧子会社株式や関連会社株式、投資有価証券などの購入のケース、⑨設備投資で土地、建物を購入するケース、⑩資金運用として株や債券を購入するケースがあります。購入は支出ですが、これらの資産を売却すれば収入となります。

　財務活動によるキャッシュフロー（財務キャッシュフロー）は、⑪借入（収入）と⑫その返済（支出）、⑬資本金の増資（収入）と資本金の返還（有償減資＝支出）、⑭配当の支払い、⑮自己株式の購入（自社株買い）などがあります。①〜⑮までの収支がキャッシュフローとなり、貸借対照表の現金（お金＝資金）を増減させるのです。

POINT キャッシュフローの種類と性格を理解しよう

★ キャッシュフロー計算書と3つのキャッシュフロー

＋は収入△は支出　　　　　　　　　　単位：百万円

1. 営業活動によるキャッシュフロー		
＋	① 売上収入	15,000
△	② 仕入代金の支払い	△8,800
△	③ 販売費の支払い	△2,700
△	④ 一般管理費の支払い	△1,500
小計		**2,000**
△	⑤ 法人税・住民税・事業税	△1,000
△	⑥ 利息の支払い	△250
＋	⑦ 利息と配当の受取り額	150
合計　営業キャッシュフロー		**900**
2. 投資活動によるキャッシュフロー		
△＋	⑧ M&Aによる子会社株式などの購入・売却	△1,400
△＋	⑨ 設備投資で土地・建物を購入・売却	△2,000
△＋	⑩ 資産運用で株・債券を購入・売却	230
合計　投資キャッシュフロー		**△3,170**
1＋2　フリーキャッシュフロー		**△2,270**
3. 財務活動によるキャッシュフロー		
＋	⑪ 新規の借入れ	5,200
△	⑫ 借入れの返済	△1,500
＋	⑬ 資本金の出資を受ける	0
△	⑭ 配当金の支払い	△500
△	⑮ 自社株買い	△120
合計　財務キャッシュフロー		**3,080**
4. キャッシュフロー（1＋2＋3）		**810**
5. 期首の現金預金の残高		**1,200**
6. 期末の現金預金の残高（4＋5）		**2,010**

小計 → キャッシュベースの営業利益

合計　営業キャッシュフロー → キャッシュベースの税引後経常利益のイメージ

1＋2　フリーキャッシュフロー → 投資額を回収できているかのチェック指標

6. 期末の現金預金の残高 → 期末の貸借対照表の現金預金と一致する

営業キャッシュフローと投資キャッシュフローの合計をフリーキャッシュフローという。

18 在庫が増加するとなぜ資金が不足する？

◎在庫が増加する落とし穴はたくさんある

損益と収支（お金の動き）がずれると、いろいろ問題が起きます。

地方のドラックチェーンQを経営する鈴木社長は、競合店と値引き合戦を行っていました。11月に仕入先のA卸から、「12月の年末商戦用に、通常の2倍以上購入すれば、12月末締めで仕入額の3％をA卸はQに支払う」という提案を受け入れました。

これは**リベート**とか**販売協賛金**というもので、Qにとっては仕入値引きと同じですから、仕入単価が下がり、売上総利益率アップにつながるのです。A卸からの仕入は通常月の2倍の400万円となりました。12月中に売り切らねば、資金繰りが厳しいはずです。

A卸からの商品は、目玉としても売り切れず100万円の在庫が残りました。店全体でも安売りの影響で12月は**営業損失**でした。400万円の支払いのことがふと頭をよぎりました。

A卸からの商品の**売上総利益（粗利益）**は、(売上350万－売上原価300万) 50万円です。仕入の3％は相殺されるので、12万円（400万円×3％）だけ支払いは少なくなります。

A卸からの商品の収支は、売上収入350万－仕入支払（400万－12万）＝△38万円と赤字です。売上総利益は、50万円＋受取リベート12万円で62万円になります。しかし収支は赤字です。この差は100万円（62万円－△38万円）で、**在庫金額100万円**と一致します。同様の提案を他の卸からも受けて、キャッシュフローは計320万円の赤字でした。給与の支払いもあり、運転資金を借りないと支払いができません。鈴木社長は頭を抱えてしまいました。

POINT 営業キャッシュフローが減少するからだ

★ A卸との取引の結果…

キャッシュフローと損益の違いがでた理由

(単位:万円)

損益計算	キャッシュフロー	差額
＋売上高　350	＋売上収入　350	0
△売上原価　300	△商品仕入　400 内訳 ｛ 売上原価　300 　　　　在庫　　100	在庫　100
＋受取リベート　12	＋受取リベート　12	0
売上総利益　＋62	営業キャッシュフロー　△38	在庫　100

> 在庫の増加がキャッシュフローを減少させた

> 受取リベートは、仕入のマイナスとして処理することが原則なので、利益にプラスに働く。

column 会計(アカウンティング)には財務会計と管理会計がある

会計（Accounting）には、**財務会計**と**管理会計**があります。

財務会計は、出資者としての株主、銀行などの債権者、仕入先などの取引先など、いわゆる外部の**利害関係者（ステークホルダー）**に会社の状況を報告するときに使われます。財務会計は、決算書の作成のための一定のルールを提示します。そのルールに基づいて作成された報告書が、皆さんが勉強している決算書です。決算書は、利害関係者が企業の現状を知るための信頼できる資料として必要です。財務会計で作成される決算書は**貸借対照表、損益計算書、キャッシュフロー計算書**のほか、**株主資本等変動計算書、製造原価明細書**があります。株主資本等変動計算書は、純資産が年間、四半期などの期間でどのように変動したかを表したものです。1年間で支払った配当はここに記入されています。

管理会計は、経営者や管理者が経営の意思決定に活用するために、計数情報を加工して入手する考え方を提示します。損益分岐点分析、業績賞与の決定、不採算事業の判定、価格の決定、投資の採算計算などさまざまな分野があり、経営に活用します。

管理会計では、財務会計のデータだけでなく、新たに入手した情報を使います。経営戦略やマーケティング戦略を考えるときには欠かせないツールです。

管理会計は、勉強すればするほど面白い分野ですが、物事には順序があります。財務会計のデータを使うのですから、決算書の基本くらいは勉強しておかないと、管理会計も理解できません。この点は肝に銘じてください。この本の読者の中には、管理会計に進みたくてウズウズしている人もいるかも知れませんが、急がば回れです。

会計(アカウンティング)の体系

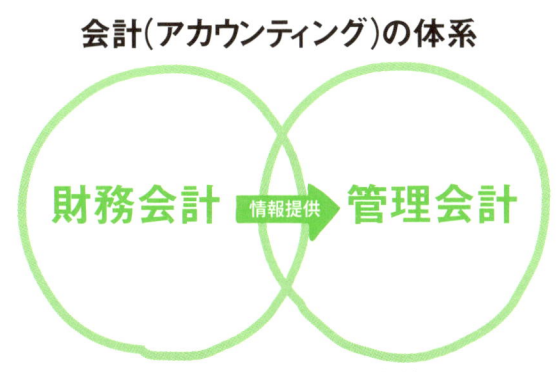

財務会計 →情報提供→ 管理会計

財務会計: 投資家、債権者への情報開示（外部報告用）

管理会計: 経営管理用　損益分岐点分析　価格決定　投資の判断　業績賞与の決定

Question 1 次の項目は、貸借対照表のどの分類に入るか記入しなさい。

①持ち合い株式　②営業用の車　③売買目的の社債
④当期純利益　⑤不動産業の販売用土地　⑥退職給付引当金
⑦消耗品の未払代金　⑧賞与引当金　⑨販促パンフの未使用分
⑩販売用ソフトの開発後の改良に要した原価

当座資産	たな卸資産	有形固定資産	無形固定資産
投資その他の資産	流動負債	固定負債	純資産

解答

当座資産③、　たな卸資産⑤⑨、　有形固定資産②、　無形固定資産⑩、
投資その他の資産①、　流動負債⑦⑧、　固定負債⑥、　純資産④

Question 2 次の費用、収益は、損益計算書のどの分類に入るか記入しなさい。

①工場の人件費　　②研究開発費　　③販売価格の値引き
④売買目的の有価証券売却益　　⑤人員整理による退職金
⑥仕入に伴うリベート受取り　　⑦土地の売却損
⑧受取配当金　　⑨償却済債権戻り益　　⑩支払利息

売上高	売上原価	販売費及び一般管理費	営業外収益

営業外費用	特別利益	特別損失

解答

売上高③、　売上原価①⑥、　販売費・一般管理費②、　営業外収益④⑧、
営業外費用⑩、　特別利益⑨、　特別損失⑤⑦

PART 2
損益計算書から読める経営課題

Part1は、最低限の知識を身につけていただくことが目的です。
Part2以降は、決算書から経営を透かして見て、
そこに隠れている経営課題について、
具体的に読み取るコツを考えていきます。
難しい財務分析をしなくても、決算書の数字と経営との関係を理解すれば、
いろいろなことがわかります。
経営課題を見つけたら、それをいかに解決するかですが、
この点は本書では深く追求しません。
しかし本書で何か光が見えれば、
決算書の数字を読む楽しみがわいてくるはずです。
さあがんばって、進んでいきましょう。

損益計算書の見える化

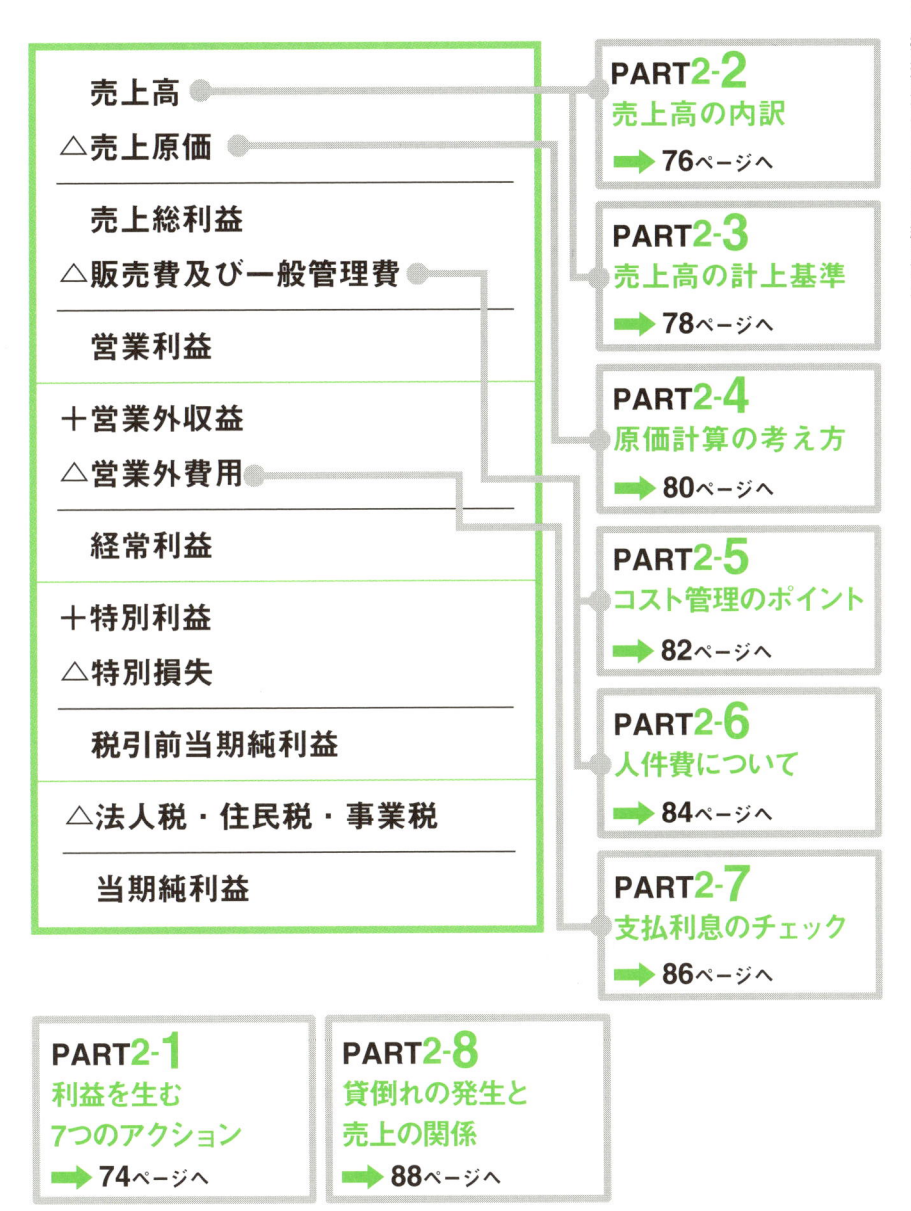

```
売上高
△売上原価
─────────
売上総利益
△販売費及び一般管理費
─────────
営業利益
＋営業外収益
△営業外費用
─────────
経常利益
＋特別利益
△特別損失
─────────
税引前当期純利益
△法人税・住民税・事業税
─────────
当期純利益
```

PART2-2 売上高の内訳 → 76ページへ

PART2-3 売上高の計上基準 → 78ページへ

PART2-4 原価計算の考え方 → 80ページへ

PART2-5 コスト管理のポイント → 82ページへ

PART2-6 人件費について → 84ページへ

PART2-7 支払利息のチェック → 86ページへ

PART2-1 利益を生む7つのアクション → 74ページへ

PART2-8 貸倒れの発生と売上の関係 → 88ページへ

PART2 損益計算書から読める経営課題

1 利益を生むための7つのアクションとは？

◎売上総利益を生み出さないと、営業利益は稼げない

損益計算書の構造図で利益を生むための方法を考えてみましょう。まず売上高をたくさん稼ごうと考えるわけですね。

売上総利益の増加のためにどんな注意が必要ですか？

在庫ロス（廃棄や毀損など）の削減です。通常、在庫ロスは売上原価に算入され、売上総利益が低下します。売上総利益を増加させるためには、①安く仕入れ、在庫ロスの減少のために②在庫削減が必要です。③**売上総利益率**（売上総利益÷売上高）の大きいものを一緒に販売しても効果があります。販売代金の３％払えば保証期間が延ばせるというサービスは、加入いただけば売上総利益率はアップします。

販管費は何といっても④無駄な経費の削減です。注意すべきは、必要な経費の削減は利益創出にマイナス効果になるという点です。パートから正社員への転換は、営業利益をアップさせるための投資です。

◎資金管理とリスク管理をシッカリすれば、当期純利益にプラス

売上アップのために、在庫増、売掛金増になれば、営業キャッシュフローが減り、借入増加⇒支払利息の増加⇒経常利益の減少と悪化しますね。⑤資金管理とは、この負の循環を避けることです。

リスク管理は、企業犯罪や不祥事が多いことと関係ありますか？

大いに関係があります。火災、欠陥商品、事故、法令遵守（**コンプライアンス**）の欠如などが特別損失を発生させて、税引前当期純利益を減少させます。日本版SOX法による**内部統制の強化**は⑥リスク管理の徹底にもつながり、特別損失の発生を未然に防ぐでしょう。あとは⑦節税対策を行うことで当期純利益はアップします。

> **POINT** 損益計算から利益を生むアイデアを考えよう

⭐ 利益を生むための7つのアクション

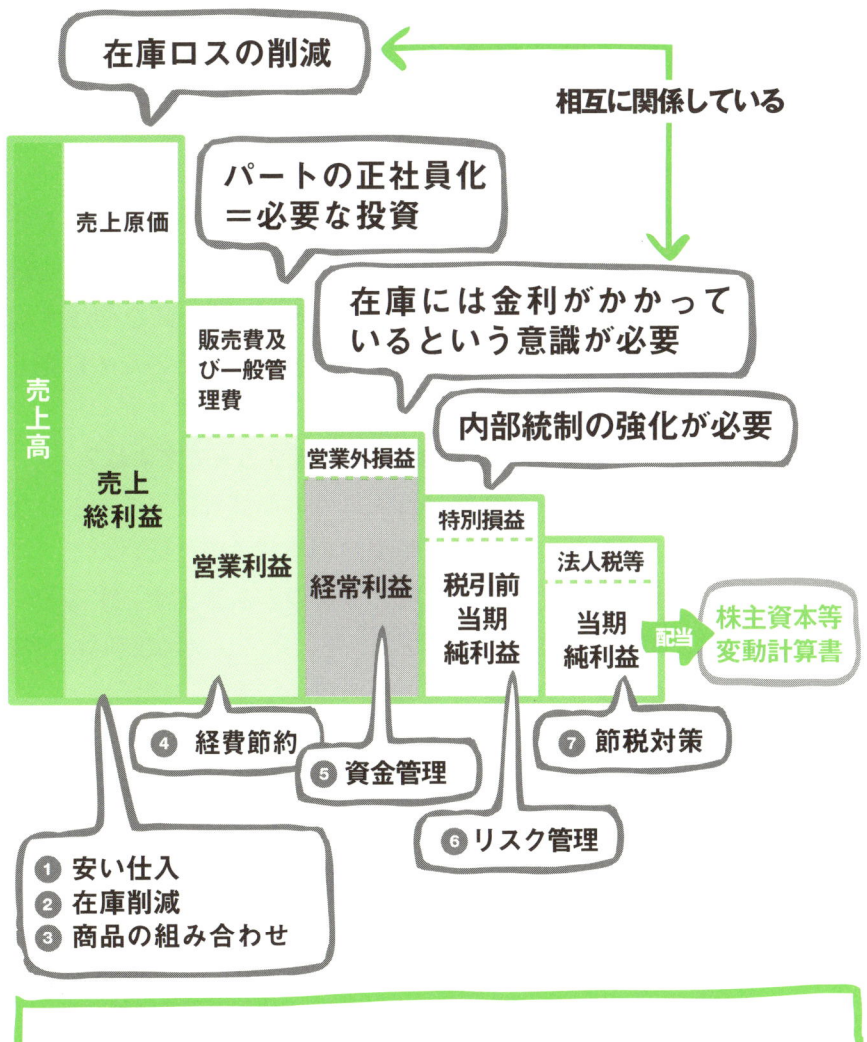

PART2 損益計算書から読める経営課題

- 在庫ロスの削減
- パートの正社員化＝必要な投資
- 在庫には金利がかかっているという意識が必要
- 相互に関係している
- 内部統制の強化が必要

売上高 / 売上原価 / 売上総利益 / 販売費及び一般管理費 / 営業利益 / 営業外損益 / 経常利益 / 特別損益 / 税引前当期純利益 / 法人税等 / 当期純利益 → 配当 → 株主資本等変動計算書

- ❶ 安い仕入
- ❷ 在庫削減
- ❸ 商品の組み合わせ
- ❹ 経費節約
- ❺ 資金管理
- ❻ リスク管理
- ❼ 節税対策

---

❶ 会計期間に行った中間配当や期末配当などの動きは、株主資本等変動計算書でわかる。
❷ 当期純利益の何％を配当するという配当性向（年間配当÷当期純利益）の目標を立てる企業が増えています。

2 特売で儲けるにはどう考えますか？

◉ 売上高を伸ばして、粗利益も伸ばす

　特売のような安売りですが、安売りそのものが問題でしょうか？そうではありません。安く売ることが戦略ならば問題ではなく、苦し紛れに安売りするから問題なのです。特売をかけて売上高を伸ばす場合、**売上総利益（粗利益）** も伸ばせるかが重要です。そのために売上高を分解して、①数量×②単価＝売上高と考えるのです。

販売数量アップ⇒売上高アップのために特売するんですよね？

　間違いではないですが、お客様に特売以外の商品も買ってもらわなくては粗利益（率）は伸びません。特売品の粗利益率は低いので、粗利益率の大きいものを一緒に買ってもらう必要があります。すると一人当たりの購入額（客単価）がアップし、売上高アップ⇒粗利益（率）アップにつながります。これが特売の真の狙いです。

◉ 客単価アップの視点で粗利益の増加策を考えよう

　バーガーチェーンでは、半額セールで客数を伸ばし、セット商品を提案して客単価アップをめざしました。この業界では、商品力だけでなく接客力（提案力）が売上高の増減を左右します。

　スーパーは、特売で販売量はアップするが、粗利益は伸びないことがあります。なぜなら、特売品を購入する客ばかりで、販売数量はアップしても、客単価は下がり、結局、売上高は伸びず、粗利益も伸びません。常連客が混雑を嫌って来店を控えるのも一因です。

　スーパーのカゴやカートは、軽快な買い物を助け、客単価アップに貢献します。レジ横の棚の商品は、ついで買いを誘う作戦です。「いろいろな作戦の中で、買い物してるんだ！」

POINT 売上高を分解して考えると、見えてくる

⭐ 売上高を伸ばすには？

PART2 損益計算書から読める経営課題

```
        売上高アップのために
         ┌─────┴─────┐
        数量    ×    単価
   販売数量アップ      販売価格のアップ
    客数アップ         客単価アップ
```

マーケティング戦略

数量	単価
訪問件数アップ 目玉商品 固定客つくり 24時間営業	値上げ 専門化 関連品のセット販売 滞在時間のアップ 関連購買

具体策

数量	単価
顧客情報の把握 チラシ 口コミ ポイントカードの発行	営業担当の教育 接客力・提案力 テレビ＆DVD＆ カラオケのセット販売 休憩所 カート設置 陳列やリンクの工夫

3 期末にがんばったのになぜ売上にならないの？

◎販売した時点はいつか

売上高はいつ計上するのでしょうか。ルールでは、販売した時点（**販売基準**）で売上高とすることになっています。

販売した時点って、どう判断するのですか？

販売の流れは次のとおりですね。①注文を受ける、②出荷する、③納品書を渡す、④相手が検収する、⑤請求書を送付する、⑥代金を手形や現金で回収する。さてどの時点で売上高を計上するのでしょうか。実際には、実情に合わせて会社ごとにルールを決めます。

◎業種、業態によって販売した時点の考え方が違う

コンピュータとソフトウェアを同時に販売する場合、お客様がソフトの稼動を確認したら売上とする検収基準をとります。この場合、納品後、現地で操作指導なども行うので、期末が迫って受注しても、売上高の計上はむずかしくなります。通信販売では、出荷基準が一般的です。社内書類で販売事実の把握が容易だからです。出荷基準なら、追い込み可能ですね。

進行基準というのがあると聞きましたが？

個別受注型のソフト開発企業や建設業で使われます。ソフトウェア受注から納品・検収までの期間が長期にわたる場合、進行度合いを見積もって、受注額を少しずつ売上高にする方法です。たとえば、ソフトを1億円で受注し、初年度に開発進行度合いを40％と見積もれば、4000万円を売上高に計上します。この他、請求基準を採用する中小事業者も多いのですが、請求漏れがあると売上が翌期になるため、税務上の問題が発生するケースもあります。注意しましょう。

POINT 「販売した」という意味を理解しよう

★ 売上高を計上するタイミング（売上計上基準）

PART2 損益計算書から読める経営課題

原則は販売時点だが？
（販売基準）

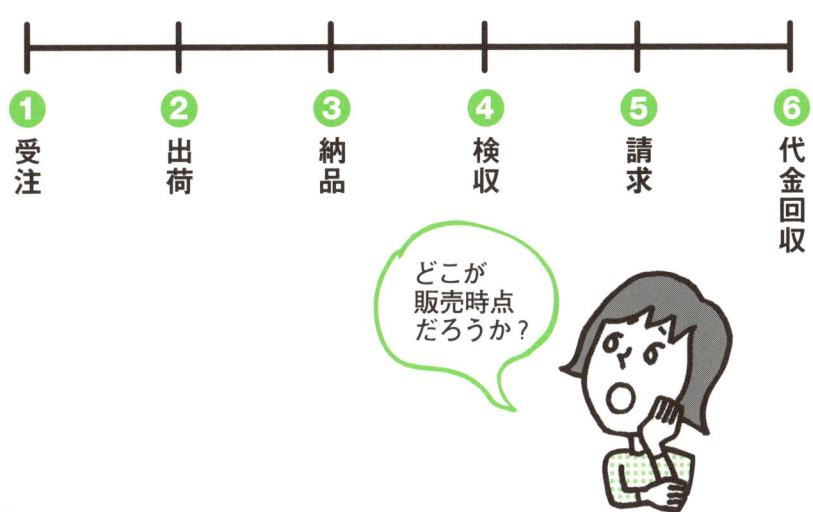

①受注 — ②出荷 — ③納品 — ④検収 — ⑤請求 — ⑥代金回収

どこが販売時点だろうか？

● 進行基準の売上高の計上

ソフトウェアの受注額 ………………………………………… 1億円
期末時点の開発進行度合い …………………………………… 40％
期末時点の開発コスト ………………………………………… 3,200万円

売上高	4,000万円（1億円×40％）
売上原価	3,200万円
売上総利益	800万円

※原則は、**完成基準**である。完成基準では、個別受注したソフトウェアが完成して引渡しが完了したとき、売上高と売上原価を同時に損益計算書に計上する。完成までは、開発コストは、仕掛品として貸借対照表上の在庫に表示しておく。

4 メーカーの原価計算のポイントは？

◎ 本社部門や営業所の費用は原価計算の対象にはならない

　メーカーの原価計算は、工場で発生した費用（**製造原価**）を製品ごとに集計します。本社や営業所の費用は集計対象にしません。工場で発生した**原価の3要素**（材料費、労務費、経費）は、製造直接費と製造間接費に分類されます。**製造直接費**とは、製品に直接かかわる原価で、直接材料費や製造工程に直接かかわる工員の人件費（直接労務費）、製品の金型などの外注加工費（直接経費）などで、それ以外の光熱費や機械のリース料などは**製造間接費**です。工場管理部門の費用も製造間接費です。

◎ 完成品と仕掛品で、製造原価をどう負担させるかがポイント

　右ページの例では、材料を製造工程のはじめに一度に投入し、製造ラインを流れ、工員が機械などで加工を加えます。材料費はスタートで投入されるので、完成品（製品）も仕掛品も同じ金額を負担すべきで、労務費と経費は加工度に応じて負担すべき点がポイントです。

　製造原価を完成品と仕掛品でどう負担させるかの基礎データが、原価計算でもっとも大切な情報です。

加工費という表現を聞きますが、これは何ですか？

　加工費は直接材料費以外の原価をいいます。外注加工費という直接経費がありますが、これはあくまで外注に加工を頼んだ経費で、質問の加工費とは異なるので注意してください。進捗度50％という情報は、仕掛品の加工費は、完成品の50％に相当するという意味です。よって仕掛品の加工費（直接労務費と製造間接費）の計算のときに、仕掛品数量に進捗度を掛け（100個×50％）ています。

POINT 工場で発生した費用を製品ごとに集計する

★ 原価の種類と内訳

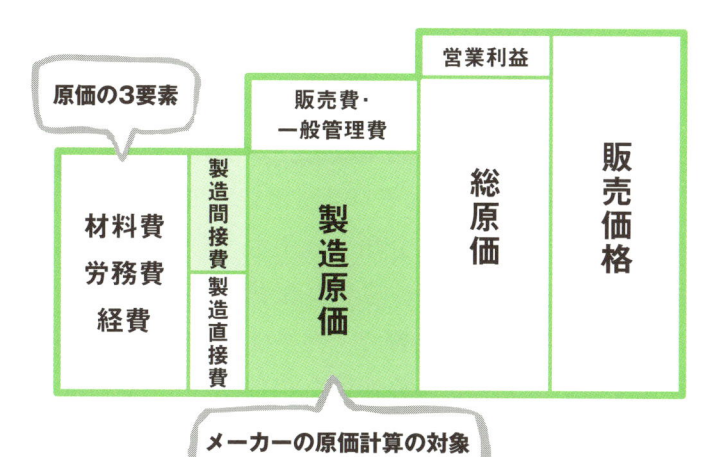

```
原価の3要素                    営業利益
                販売費・
       製造     一般管理費
材料費  間接費
労務費         製造    総    販
経費   製造   原価   原    売
      直接                価    価
      接費                格
```

メーカーの原価計算の対象（製造原価）

● 原価計算の方法

原価情報
- 直接材料費　3,000万円
- 直接労務費　200万円
- 製造間接費　500万円
  - 間接材料費
  - 間接労務費
  - 間接経費

生産情報

A製品の製造数量
- 完成分（製品）　　　　300個
- 未完成分（仕掛品）　　100個
  （進捗度50％）

（注）材料費は、製造の着手のときにすべて投入。直接労務費と製造間接費は、進捗度に応じて発生する加工費である。

仕掛品の原価

直接材料費　$3,000万円 \times \dfrac{100個}{300個+100個} = 750万円$

$\begin{bmatrix}直接労務費\\製造間接費\end{bmatrix}$ （加工費）　$700万円 \times \dfrac{100個 \times 50\%}{300個+100個 \times 50\%} = 100万円$

850万円

完成品の原価　3,000万円＋200万円＋500万円－850万円（仕掛品）＝**2,850万円**

1個当たりの製品（完成品）原価は、
2,850万円÷300個＝9万5,000円

5 コスト管理のポイントを考えてください？

◎ 販売費は、その性格を考えて、予算を設定し、管理しよう

　販売費は2つの性格の費用に分類されます。1つは売上高をアップしていくために使われる費用で、広告宣伝費、販売促進費、営業担当の人件費などです。**狭義の販売費**で、性格は売上を得るために使われる**売上獲得費**です。販売費を多くかけたからといって、売上高が伸びるとは限らず、予算を作るとき売上高の何％というような決め方は、無駄を作る可能性が高いので注意しましょう。販促計画に基づいたゼロベースでの目標設定（ゼロベース予算）が必要です。

　2つ目は、発送配達費や保管費などの商品や製品を顧客に届けるための費用です。**物流費**と呼ばれ、売上高の結果として使われる**売上実行費**の性格を持っています。売上高との連動性が高く、**変動費**の性格を持っています。**物流費**は売上高に占める割合で予算額を決めることが多いようです。

◎ 機能別に集計することで、経営管理に活用しよう

　交通費や通信費のような費目別の把握では、経営管理への活用に限界があります。費目別の勘定科目を機能別に再集計すると経営管理に役立つ情報が手に入ります。

機能別集計の例を教えてください？

　たとえば会議費です。会議資料代とコピー代（材料費）、会場代や会議中の光熱費（経費）、会議参加者の人件費（労務費）などです。さらに考えれば、資料代は作成の時に人件費などがかかっていますね。このような原価計算的な発想で会議費を考える習慣があれば、長い会議はできなくなるのではないでしょうか。

POINT 損益データを管理目的に合わせて再集計する

★ コスト管理のポイント

● 販売費の管理ポイント

販売費	経営管理の ポイント	費目別の 勘定科目
① 売上獲得費	①販促計画に基づき予算化 ②予算に対して最大の成果を！	●広告宣伝費 ●販売促進費 ●営業担当の人件費
② 売上実行費	①売上に連動する変動費 ②対売上で最小の割合に！	●発送配達費 ●保管費 ●梱包費

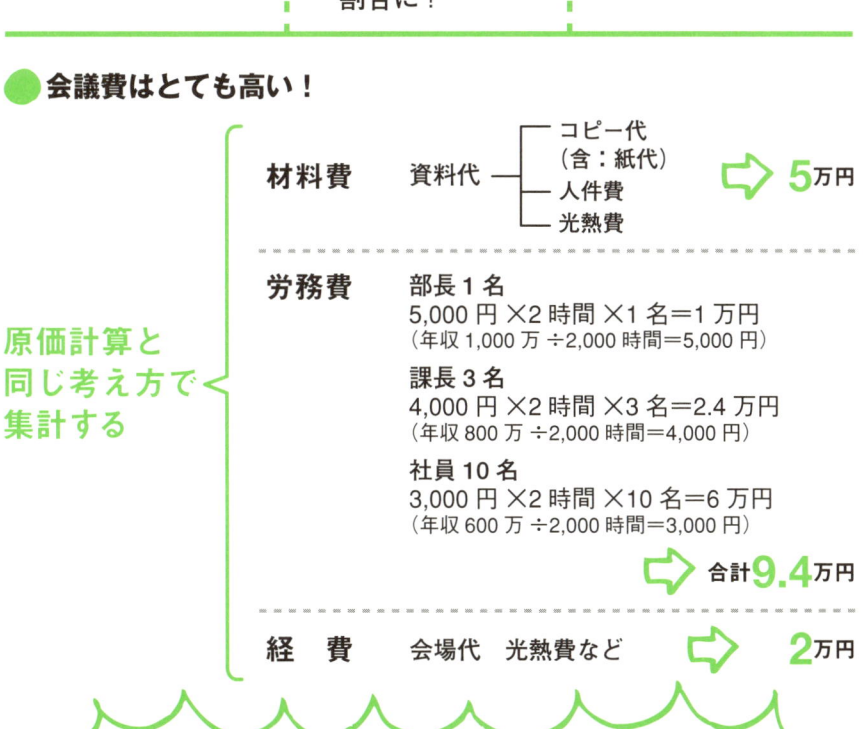

● 会議費はとても高い！

原価計算と同じ考え方で集計する

| 材料費 | 資料代 ─ コピー代（含：紙代）
人件費
光熱費 | ⇨ **5万円** |

| 労務費 | 部長1名
5,000円×2時間×1名＝1万円
（年収1,000万÷2,000時間＝5,000円）

課長3名
4,000円×2時間×3名＝2.4万円
（年収800万÷2,000時間＝4,000円）

社員10名
3,000円×2時間×10名＝6万円
（年収600万÷2,000時間＝3,000円） | |

⇨ 合計**9.4万円**

| 経　費 | 会場代　光熱費など | ⇨ **2万円** |

なんと2時間の会議で16万円以上かかっている！

6 社員を増やすと人件費がアップするという発想は問題？

◎人件費は、ヒトへの投資である

　パート・派遣社員などを採用し、人件費を下げようと多くの会社が努力し、景気が上向くと正社員の採用を増やします。何か人件費を使って利益をひねり出そうとした感じを受けてなりません。

パートなどの採用で人件費は減りますが、問題点は何ですか？

　問題の本質は、パートなどを雇用することではなく、人を育てようとしない会社の考え方です。このため人件費の削減は、利益につながるどころか、利益減少につながったのは事実ではないでしょうか。

　欠品していても、上の指示があるまで動かない（動けない？）。顧客からクレームがあっても、心のある対応をできず（マニュアルには形式的対応法しか書いていないため）怒らせてしまう。業績連動型報酬のため、短期的な利益を重視して行動する。これらの行動は、人に投資するという発想を忘れた会社にみられます。モノへの投資だけでは、利益は生み出せないという発想が大切です。

◎人件費は広くとらえて、採用などを計画する必要がある

　人件費は、①所定内給与（基本給、職務手当など）、②時間外手当・賞与のほか、③厚生年金、健康保険などの会社負担分（**法定福利費**）、④退職金・年金などの掛け金や積立費用、⑤社宅費、見舞金など任意の手当の**法定外福利費**、⑥教育訓練費、⑦募集費用などです。企業規模などによって異なりますが、企業が負担する人件費は、①の所定内給与に対して1.5〜1.7倍程度はあると考えてください。福利厚生の代行サービスなどを活用して法定外福利費を減らして、教育訓練費や業績賞与にまわすケースが増加傾向にあります。

POINT　人への投資が、人件費である

⭐ 人件費は人への投資である

● 人への投資を怠ると？

- 自分で考え行動できない
- マニュアルに書いてないので対応できない
- コミュニケーションの重要性がわからない
- 目先の業績のために得意先を大切にしない
- 自分の仕事以外はしない
- クレームを報告しない
- 欠品が売上減につながるという意識がない

● 人件費とは？

1. 所定内給与（基本給、職務手当など）
2. 時間外手当・賞与
3. 厚生年金、健康保険、雇用保険などの会社負担分（法定福利費）
4. 退職金・年金などの掛け金・積立費用
5. 社宅費、見舞金など任意の手当の法定外福利費
6. 教育訓練費
7. 募集費用

> 人件費は、①所定内給与に対して1.5～1.7倍程度はあると考えてください。

7 損益計算書で借り過ぎをチェックする方法がありますか？

◎インタレスト・カバレッジという指標がある

　損益計算書で借り過ぎをチェックできれば、簡単で便利です。

　営業利益が黒字でも支払利息が多いと赤字になる可能性がありますね。そこで営業利益に受取利息・受取配当金を加えた利益（**事業利益**という）が、支払利息よりどれだけ大きいかをチェックします。すなわち、事業利益が支払利息の何倍かという**インタレスト・カバレッジ**が４倍以上あれば、支払利息は負担ではないと判断できます。

借入限度額はわかるのですか？

　年間売上高（年商）２億円の企業で、売上高営業利益率５％（営業利益1000万円）、受取利息100万円あるとします。事業利益は1100万円ですね。健全な企業なら1100万円の４分の１である275万円が支払利息の限度となります。金利３％で借りることができるならば、9166万円（275万円÷３％）が借入限度になります。年商に対しては、45％（9166万円÷２億円）になります。もし金利が５％にアップすると、5500万円（275万円÷５％）に借入限度が縮小します。年商に対しては、27％（5500万円÷２億円）に下がります。

◎業績が悪化すると、借入限度額は小さくなる

　業績が悪化し、売上高が10％減少し、１億8000万円になり、売上高営業利益率が４％に下がったとします。受取利息は100万円と変わらないとしても、事業利益は720万円＋100万円＝820万円になります。４分の１の205万円が支払利息の限度額となり、金利３％では、借入限度額が6833万円（205万円÷３％）となます。年商の37％（6833万円÷１億8000万円）に借入限度が縮小します。

POINT インタレスト・カバレッジを活用する

★ 支払利息を負担できるかチェックする

● 事業利益は、支払利息の何倍か？

$$\text{インタレスト・カバレッジ} = \frac{\text{事業利益}}{\text{支払利息}} \text{（倍）}$$

事業利益 ＝ 営業利益 ＋ 受取利息 ＋ 受取配当金

支払利息

インタレスト・カバレッジは、**4倍**以上なら健全

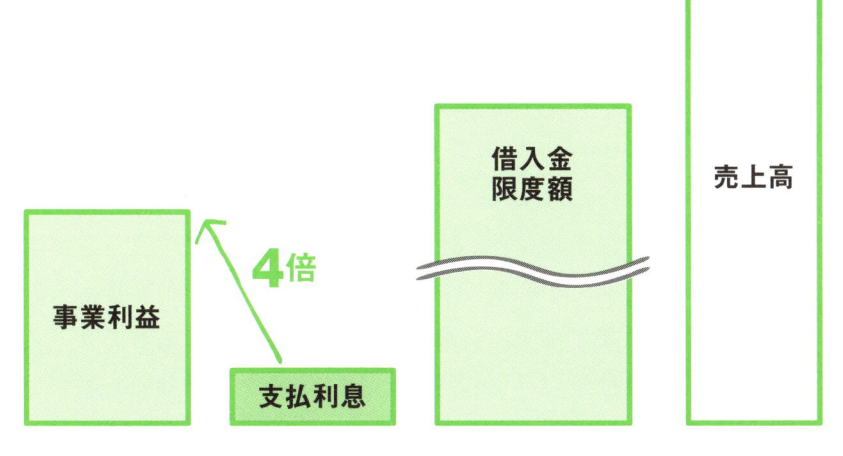

事業利益　　支払利息　　　　　　　借入金限度額　　売上高

4倍

1,100万円	275万円÷3%	⇨	9,166万円	⇦	2億円×45.8%
	275万円÷5%	⇨	5,500万円	⇦	2億円×27.5%

PART2 損益計算書から読める経営課題

8 貸倒れが発生したら、それを取り戻すため、いくら売上が必要か？

◎販売から回収までの日数を売上債権回転日数という

営業は販売代金の回収をもって終了します。商品引渡しで終了すると考えている人も多いのでは。また現金販売やクレジット販売では、回収がスムーズなので、この認識が育ちません。

売上債権（販売代金未回収分の**売掛金**と手形で受け取った**受取手形**のこと）を現金か預金で回収できれば、営業完了です。また販売から回収までの日数を、**売上債権回転日数**といいます。

◎売上債権が回収できないと貸倒損失が発生する

最近では**キャッシュフロー経営**を徹底し、売上債権回転日数を短くする傾向があります。そういう会社では、得意先ごとの売上債権回転日数を一覧にして営業担当に提供し、期間が長いところの原因をチェックさせます。営業の意識を高めるためです。得意先が支払いできないときは、貸倒れの発生です。経理上は、売上債権（資産）を**貸倒損失**（損失）に移して、損益計算書に計上します。売上債権が100万円あれば、貸倒損失100万円です。

👧 一度、売上にした100万円が全部なくなるわけですね？

そうです。売上100万円が丸ごと消え、100万円の損失です。売上高営業利益率が2％の会社では、100万円の損失を取り戻すために100万円÷売上高営業利益率2％＝5000万円の売上高が必要になります。売上債権の50倍の売上高が必要です。しかも今までの売上に加えて、売上をあげる必要があります。これまでの5000万円の営業努力が水の泡になるのです。得意先の与信管理がいかに重要か、全社員、特に営業担当者は肝に銘じる必要があります。

POINT 売上高営業利益率2％なら、貸倒れの50倍の売上が必要

★ 貸倒損失を補填するには？

● 売上債権回転日数の考え方

売上債権回転日数

販売 ──────────────── 代金の回収

売上高 ÷ 売上債権 ＝ 売上債権回転率（回）
➡ 売上債権の何倍売上があるか

365日 ÷ 売上債権回転率 ＝ 売上債権回転日数（日）
➡ 1回転当たりの（販売から回収までの）日数

● 得意先の与信管理のために

得意先別の売上債権回転日数をチェックする
⬇
支払いが遅れている得意先を洗い出し、
緊急度のランクを付ける
⬇
営業担当者は、遅れている原因を調査し、早期の対応をとる

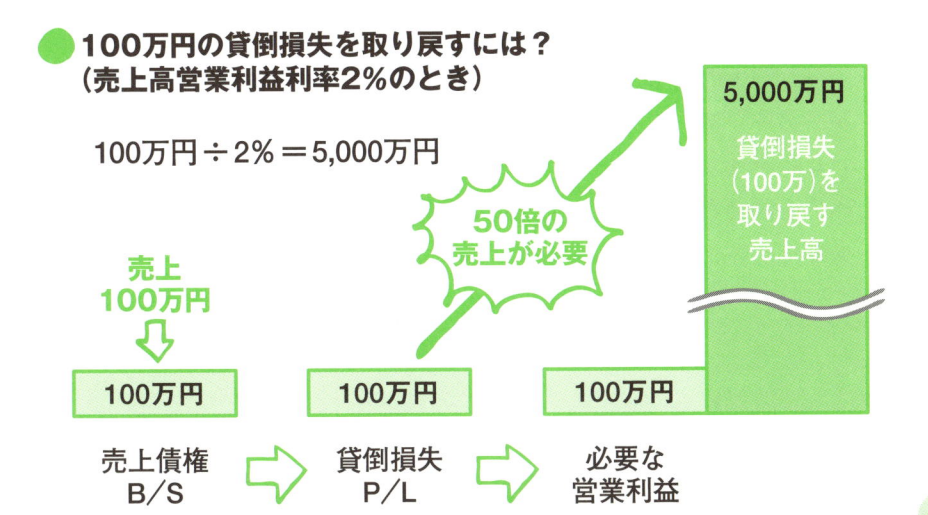

● 100万円の貸倒損失を取り戻すには？
（売上高営業利益利率2％のとき）

100万円 ÷ 2％ ＝ 5,000万円

売上 100万円
⬇
100万円	➡	100万円	➡	100万円	5,000万円
売上債権 B/S		貸倒損失 P/L		必要な営業利益	貸倒損失（100万）を取り戻す売上高

50倍の売上が必要

column リベートの問題

　リベートは、**キックバック**ともいい、会計では**売上割戻し**などと呼びます。リベートは一定期間に多額または大量の取引をした販売先に対し、売上代金を一部返還することです。似たものに**売上値引き**がありますが区別します。値引きは、商品に何らかの問題（品質不良、破損、陳腐化など）があって、販売額を減額することです。リベートは、はじめ正規の価格で販売して、一定期間後に条件に基づいて返金します。いろいろな業界に存在し実態は多岐にわたります。

　携帯の端末は、KDDI（au）やNTTドコモなどの携帯電話会社がメーカーから仕入れて、大手量販店などの小売店に卸します。小売店は、携帯端末を安く販売します。携帯電話会社は1台数万円のリベートを小売店に支払います。これを財源に低い価格設定が可能になります。携帯電話会社は、支払ったリベートを通信料に上乗せして回収します。通信料が下がらないのはこのような背景があるのです。

　菓子・食品業界、ビール業界などでもリベートが問題になってきました。これらの業界でも価格競争が激しく、安売りの財源としてメーカーからのリベートが使われています。2000年以降、メーカーは、販売量に応じたリベートを廃止する動きが顕著になってきました。その代わり、販売情報の提供や卸機能の強化などに対して、機能奨励金を支払うというように内容が変化しています。

　リベートの廃止、縮小に伴い、価格重点の販促がむずかしくなり、メーカー、卸、小売店は、本来の機能を追求しないと、成長していけない時代が来ています。メーカーなら商品力の強化、卸は小売店への企画提案力の強化、小売店は消費者への売り場提案力の強化が必要です。

Question 1 次の各行為は、どの利益に一番関係が深いか（影響があるか）答えなさい。

ア．売上総利益　　　　　イ．営業利益　　　　　ウ．経常利益
エ．税引前当期純利益　　オ．当期純利益

① 営業会議を行った　　　　　　[　　]
② 固定資産売却益　　　　　　　[　　]
③ 工場の減価償却費　　　　　　[　　]
④ 子会社からの受取配当金　　　[　　]
⑤ 配当の支払い　　　　　　　　[　　]
⑥ 返品された商品　　　　　　　[　　]
⑦ 返品した商品　　　　　　　　[　　]
⑧ 経理部の人件費　　　　　　　[　　]
⑨ 異常な在庫ロス　　　　　　　[　　]
⑩ 正常な在庫ロス　　　　　　　[　　]

解答

① イ　会議費（販売費及び一般管理費）　　② エ　特別利益
③ ア　製造原価　　　　　　　　　　　　　④ ウ　営業外収益
⑤ オ　当期純利益がその原資となる　　　　⑥ ア　売上高をマイナスする
⑦ ア　仕入をマイナスする　　　　　　　　⑧ イ　一般管理費
⑨ ウまたはエ　営業外費用か特別損失　　　⑩ ア　売上原価に算入する

Question 2 以下の損益計算書から、各質問に答えなさい。

	金額
売上高	1,000
売上原価	800
売上総利益	200
販売費	100
一般管理費	40
営業利益	60
営業外収益（受取利息）	10
営業外費用（支払利息）	14
経常利益	56
特別利益	20
特別損失	40
税引前当期純利益	36
法人税等	20
当期純利益	16

Q1 売上総利益率、売上高営業利益率、売上高経常利益率を計算しなさい。（小数点第1まで求めよ）

Q2 インタレスト・カバレッジ（倍）を計算しなさい。

Q3 事業利益80で金利が5%のとき、Q2のインタレスト・カバレッジを維持する場合、借入限度はいくらか。

解答

Q1
200 ÷ 1000 × 100 ＝ 20.0%　　60 ÷ 1000 × 100 ＝ 6.0%
56 ÷ 1000 ＝ 5.6%

Q2
（60 ＋ 10）÷ 14 ＝ 5 倍

Q3
支払利息限度 ＝ 80 ÷ 5 倍 ＝ 16　　借入限度 ＝ 16 ÷ 5% ＝ 320

PART 3

貸借対照表から読める経営課題

損益計算書については、理解できましたか？
次は、貸借対照表に隠れている経営課題を
読み取るコツを学んでいきましょう。
さあがんばって、続けましょう。

貸借対照表の見える化

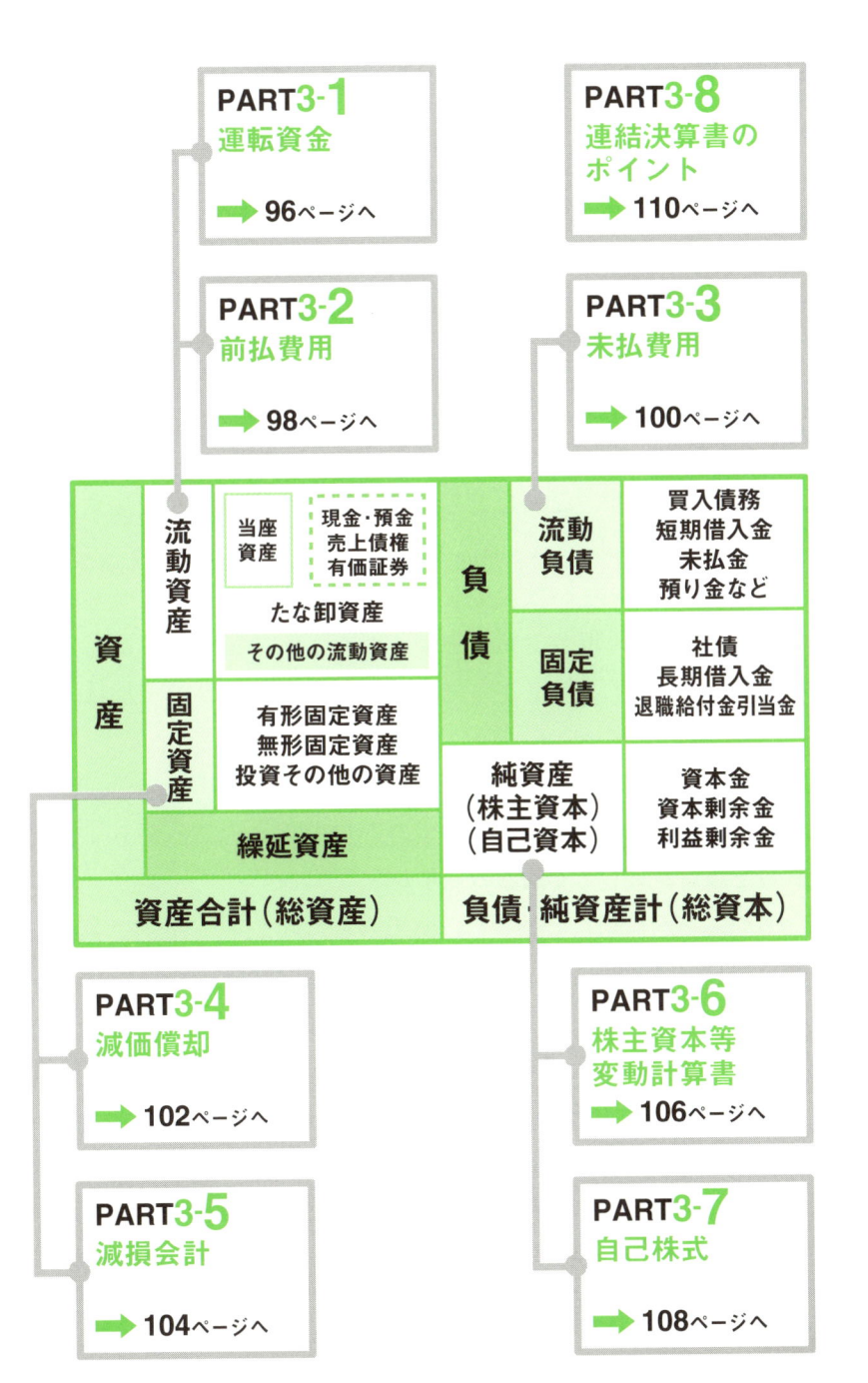

PART3 貸借対照表から読める経営課題

PART3-1 運転資金 → 96ページへ

PART3-2 前払費用 → 98ページへ

PART3-8 連結決算書のポイント → 110ページへ

PART3-3 未払費用 → 100ページへ

資産	流動資産	当座資産	現金・預金 売上債権 有価証券	負債	流動負債	買入債務 短期借入金 未払金 預り金など
			たな卸資産		固定負債	社債 長期借入金 退職給付金引当金
			その他の流動資産			
	固定資産		有形固定資産 無形固定資産 投資その他の資産	純資産 (株主資本) (自己資本)		資本金 資本剰余金 利益剰余金
	繰延資産					
資産合計（総資産）				負債・純資産計（総資本）		

PART3-4 減価償却 → 102ページへ

PART3-5 減損会計 → 104ページへ

PART3-6 株主資本等変動計算書 → 106ページへ

PART3-7 自己株式 → 108ページへ

1 脱サラなら、なぜラーメン屋がいい?

◎お金を不足させる売上債権とたな卸資産

　商売を始めて直面することは、手元のお金の不足です。**運転資金**が不足するということです。

　不足原因の一つは販売時に代金を受け取らないことです。そうすると売掛金が増加します。いわゆるツケが増えるのです。**売上債権（受取手形と売掛金）**が増えても、お金は入らず、貯まりませんね。

　不足原因の二つは、商品などの**たな卸資産**（在庫）が増加することです。在庫が増加するのは、商品の販売がうまく進まないからですね。しかし仕入代金の支払いは発生しますが、事業を始めたばかりのときは、信用がないため現金支払いを要求されるものです。すると手元のお金は減る一方です。以上から売上債権とたな卸資産の増加は、会社を金欠にするのです。

◎お金を増やす買入債務

　仕入・在庫・販売の過程でのお金の不足を補えることがあります。

　お金を誰かが貸してくれるのですか?

　そうです。それは仕入先です。小売業なら卸かメーカーです。もし仕入代金の支払いを、商品を販売し、お金を受け取るときまで待ってもらえば、在庫や売上債権を増やしても、資金繰りが楽になります。仕入代金の未払い分は、**買入債務（支払手形と買掛金）**という負債です。ラーメン屋は、在庫がほとんどなく、現金販売で売上債権もなく、材料の仕入代金を待ってもらえれば、運転資金が不足することはないのです。計数感覚のない人でも資金繰りに困らないのでお勧めです。ただラーメンがまずければ、論外ですが……。

POINT 現金商売なので、運転資金に苦労しない

★ 運転資金の仕組み

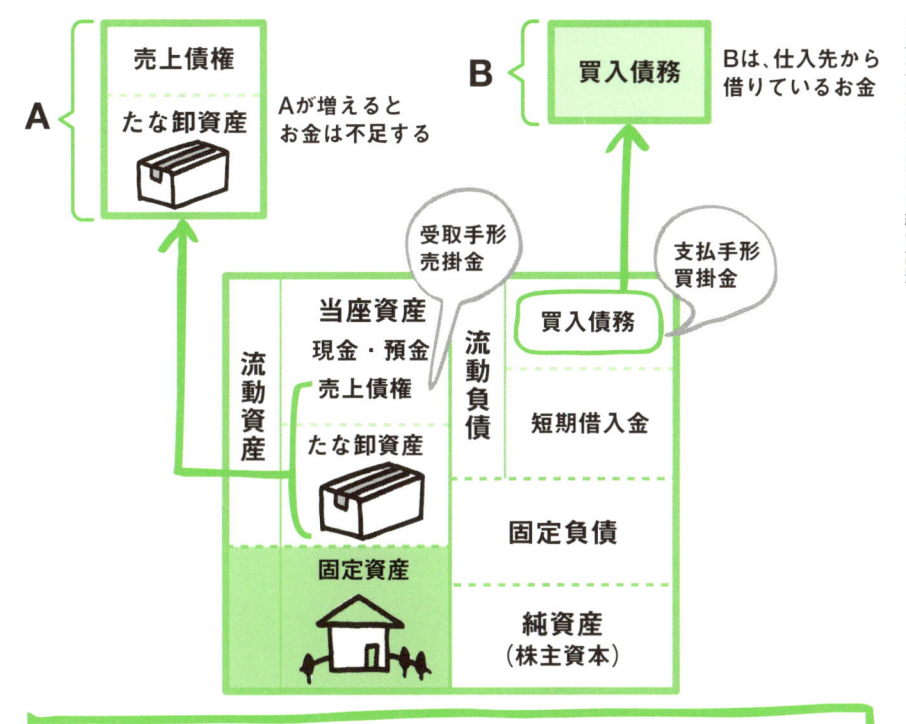

A: 売上債権 / たな卸資産
Aが増えるとお金は不足する

B: 買入債務
Bは、仕入先から借りているお金

流動資産
- 当座資産（現金・預金、売上債権）受取手形・売掛金
- たな卸資産

固定資産

流動負債
- 買入債務 支払手形・買掛金
- 短期借入金

固定負債

純資産（株主資本）

資金繰りを楽にするために
①Aを減らし、
②Bを増やす

A: たな卸資産　　**B**: 買入債務

ラーメン屋は、Aはほとんどなく（あっても、材料や消耗品程度）、買入債務は、仕入代金の約1カ月分ある?!
だから資金繰りは楽。

2 利益が多いので、3年分の保険料を一度に払ったが、問題？

◎一度に保険料を払っても、来期以降の分は費用にならない

　期末の３月になると、利益がどのくらいか見えてきます。そんなときに、「何か経費で落とせるものはないか」と考える社長さんも多いのではないでしょうか。

　そんなとき、「３年分の保険料を一括で払えば、毎年契約するよりも安くなります」という案内が、保険会社からタイミングよく郵送されてきました。営業車の保険料です。３年分360万円。「かなり経費で落とせる」と考えて、契約を決めました。その後、顧問税理士のチェックで「社長、保険料は全額、来期以降の前払いで、今期の経費では落とせません」という。確かに保険料は４月からの分でした。

3月に払ったから、だめなの？

　「３月までの分は、３年前に一括で払って、月割りで経費に計上しています。360万円は４月以降の分なので、**前払費用**という資産になります」。社長はガッカリして肩を落としたのはいうまでもありません。

◎費用は期間で対応させる

　このような例は他にもあります。地代家賃、支払利息、リース料なども同じ扱いになります。「エ！　半年前に支払ったコンピュータのリース料の１年分60万円は、今期の費用じゃないの」「半分の30万円は今期の費用ですが、半分は前払費用です」「むずかしいね」と社長。「何月分のリース料という発想で考えるのです。このように今期分は今期の費用に、来期分は来期の費用にという考え方を**発生主義**というのです」と税理士が説明する。「利益が少ないときに、今期分を来期分に回すことはだめなのね」、「そうです」と税理士。

POINT 来期以降の分は、前払費用という資産になる

★ 発生主義の考え方①

● 払った費用（保険料）が、すべて今期の費用にならないケース

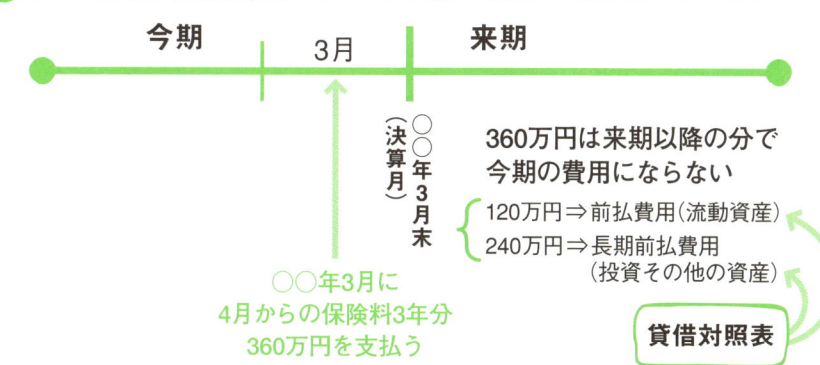

今期 ── 3月 ── 来期

○○年3月末（決算月）

○○年3月に4月からの保険料3年分360万円を支払う

360万円は来期以降の分で今期の費用にならない
- 120万円 ⇒ 前払費用（流動資産）
- 240万円 ⇒ 長期前払費用（投資その他の資産）

貸借対照表

> 360万円のうち、1年以内の分120万円は前払費用に表示、2年目以降の分240万円は、長期前払費用に表示する。両者は、貸借対照表の科目。

● リース料など費用を前払いしても、支払った全額が費用にならないケース

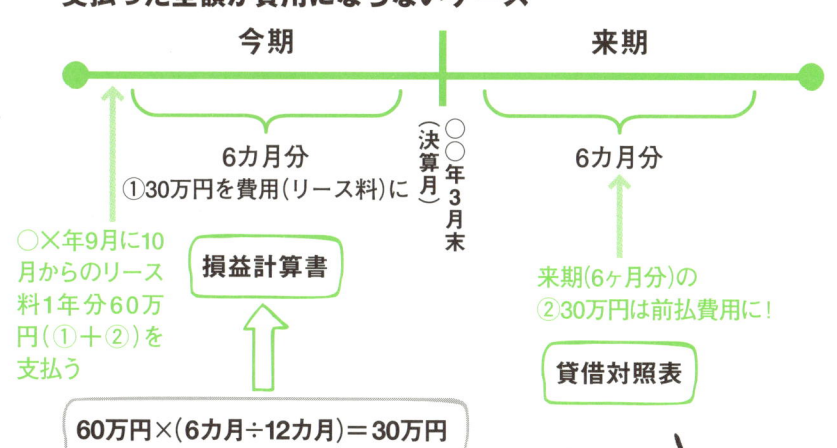

今期 ── 来期

6カ月分　①30万円を費用（リース料）に

○○年3月末（決算月）

6カ月分

○×年9月に10月からのリース料1年分60万円（①＋②）を支払う

損益計算書

来期（6ヶ月分）の②30万円は前払費用に！

貸借対照表

60万円×（6カ月÷12カ月）＝30万円

> 今期分は費用にし、来期分は資産にする。費用を期間で対応させようとする考え方を発生主義という。

3 利益が多いので、もっと経費で落とせないか？

◎ 買掛金・未払金・未払費用をチェックしよう

　社長さんが、自分でパソコンに入力した1年分の損益計算書を眺めていました。するとかなり利益が出ています。「何とかもう少し経費で落としたい」と考える中小企業の社長さんも多いのではないですか。こんなとき、意外と忘れているのは、決算月までに購入したけれど、まだ支払っていない分です。たとえば、

①仕入れた商品や材料の未払分
②通販で買った事務用品の未払分
③支払期限は来期で、まだ払ってない家賃、光熱費、支払利息

　①は仕入高、②は事務用品費（ただし未使用のものは**貯蔵品**という在庫になる）、③は家賃や水道光熱費として今期の費用になります。

　😀 エッ！　払っていないのに費用にしていいの？

　むしろ費用にしなければなりません。しかし代金は支払う義務があるので、来期に支払うまで負債になります。①は**買掛金**、②は**未払金**、③は**未払費用**という負債（流動負債）です。

　少しでも費用として落としたい小さな会社なら、「これは朗報だ。結構な金額があるぞ！」と考えるでしょう。

　😀 でも去年までは、どうしてたんだろう？

　早速、顧問税理士に電話してみた。「それは、期末整理で、こっちできちんと処理していますから、ご心配なく」「先生、これまで何で説明してくれなかったのですか？」というと、「社長、いつも説明していますよ」「そうだった。たまにしかやらないからな。もう少し経理のことも理解しなきゃ」と1年に1回の反省を繰り返すのだった。

POINT 支払いしていなくても、今期の費用にできるものがある

★ 発生主義の考え方②

● 買掛金、未払金、未払費用の違い

① 買掛金
原材料の仕入代金の未払い
商品・製品の仕入代金の未払い
外注加工費の未払い

> 3つとも流動負債の項目です

② 未払金（通常の仕入代金以外の未払い）
事務用品などの購入代金の未払い
パソコンなど固定資産の購入代金の未払い

③ 未払費用（サービスの提供を受けることを契約しているとき、決算期末までのサービスの提供を受けたが、支払期限が来ていないので、払っていない分）

> 家賃、支払利息、保険料などは、時間の経過とともに支払義務が発生しますね。このような場合、支払期限は来ていなくても、期末までの支払うべき金額は計算できます。その金額を未払費用とするのです。
> このような考え方を発生主義といいます。

● 未払費用（未払家賃）とするケース

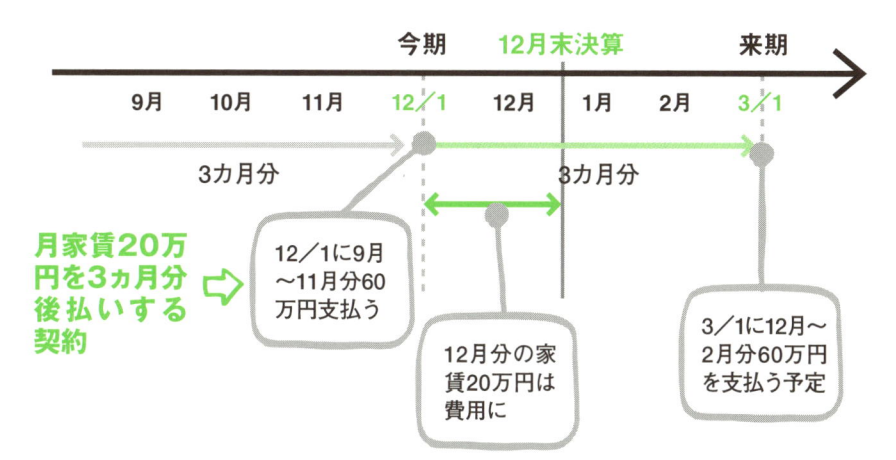

```
        今期    12月末決算    来期
   9月 10月 11月 12/1 12月 | 1月 2月 3/1
   ←――― 3カ月分 ―――→    ←―― 3カ月分 ――→
```

月家賃20万円を3カ月分後払いする契約

- 12/1に9月～11月分60万円支払う
- 12月分の家賃20万円は費用に
- 3/1に12月～2月分60万円を支払う予定

> 12月決算で、12月分の家賃20万円は、今期の負担分として費用に計上し、貸借対照表には20万円を未払費用（未払家賃）として表示する。

4 減価償却しないとどうなるでしょう？

◎減価償却は、売上を稼いだ必要経費という意味がある

固定資産を購入すると購入額（**取得原価**）で貸借対照表に計上します。使用すると固定資産の物理的価値は減るので、貸借対照表の計上額を減らします。この減らす処理が**減価償却**です。減った金額を**減価償却費**として損益計算書に計上します。

例をあげて説明してください？

400万円のトラックを購入しました。使用期間（**耐用年数**）を4年として毎年、同額の価値が減ると考える**定額法**で計算します。4年後の価値（**残存価額**）を10％とし、減価償却費90万円が毎年計上され、4年後の貸借対照表にトラック40万円が計上されます。4年間トラックを使って売上高を稼いでいると考え、その必要経費として毎年90万円かかったという考え方です。売上高（収益）と費用を対応させて、利益を適正に計算しようというわけです。

◎もし、減価償却しなければ、損失が突然表れる

仮に毎年、売上高500万円を稼ぎ、減価償却費以外の費用はないとし、4年後にトラックを廃棄します。ここでは減価償却費だけが費用なので、毎年410万円（500万円－90万円）の利益で、合計1640万円の利益になります。廃棄で残存価額の40万円は、固定資産廃棄損になり、利益合計は1600万円と減少します。

減価償却をしないと、毎年500万円、合計2000万円の利益です。4年目で廃棄損400万円が発生し、利益合計は1600万円です。廃棄で400万円の隠れ損失が明らかになったわけです。損失先送りと同じで、この考え方を悪用すれば、利益を多く見せることも可能ですが……。

POINT 損失が突然、出現する

★ 減価償却の考え方

> トラックを400万円で期首に購入（耐用年数は4年の定額法）
> ただし残存価額は取得価額の10%とする。

トラックの取得価額 400万円

	1年後	2年後	3年後	4年後
90万円	90万円			
90万円		90万円		
90万円	270万円		90万円	
90万円		180万円		90万円
			90万円	
40万円	40万円	40万円	40万円	40万円

毎年の減価償却費（損益計算書に表示）

残存価額 ← 40万円

トラックの貸借対照表価額 ⇒ 310万円　220万円　130万円　40万円 ⇐ 帳簿価額

● 減価償却しないと、損失が突然表れるから注意が必要

❶ 減価償却を行う通常のケース

	1年後	2年後	3年後	4年後	合計
売上	500	500	500	500	2000
減価償却費	90	90	90	90	360
廃棄損				40	40
利益	410	410	410	370	1600

> トラックの貢献は、減価償却費として反映（表示）される。

❷ 減価償却しないケース

	1年後	2年後	3年後	4年後	合計
売上	500	500	500	500	2000
廃棄損				400	400
利益	500	500	500	100	1600

突然、大きな損失が表れる

5 減損会計とは、何でしょう？

◎ 固定資産が利益を生まなくなったとき、減損損失が発生する

　店舗に顧客が来なくなった小売業、作っている工場の製品が売れなくなった製造業、手持ちの商業施設が利益を生まなくなったデベロッパーなどは心配してください。固定資産の貸借対照表の表示価額を、一挙に減らす処理をしなければならない可能性があります。この一挙に減らす処理を**減損会計**といいます。2005年4月1日以降開始する事業年度から、上場会社などに適用になりました。

固定資産を減らす手続きは減価償却ではないのですか？

　減価償却とは違います。固定資産たとえば店舗はなぜ保有するのでしょうか。「お客さんに来てもらって、利益をあげるためです」。それでは、お客さんが少なくなった店舗はどうでしょう。「早く売却して現金にしたいですね」。しかし売りに出してもお客さんが来ない店舗を買う人はいないのでは？……。もしこの店舗の建物・土地・備品などの貸借対照表価額が2億円だとします。しかしこの店舗から今後生み出す利益の合計が3000万円しか見込めないとしましょう。

わかった。店舗・土地・備品などの価値を3000万円に下げれば資産としての店舗等の価値が正確に反映されるのかな？

　そのとおり。2億円と3000万円の差額7000万円が**減損損失（特別損失）**です。貸借対照表の固定資産は3000万円になります。

　減損会計は固定資産に適用します。多くの固定資産を保有し、利益が減っている上場会社などは、減価償却費とは別に、減損損失を計上しなければならないというリスクが生まれました。固定資産を使う会社は、収益力を高めないと大きな損失の可能性が高まっています。

POINT 固定資産の価値が、低下していないか見直す制度

★ 減損会計の流れ

❶ 減損会計の対象資産をグループにしておく※　　有形固定資産　無形固定資産　投資その他の資産

⇩

❷ 減損の兆候があるか判断する　　製品価格などの下落が起こっている　経営環境が非常に悪化している　営業キャッシュフローが継続的にマイナスになっている　など

⇩ Yes

❸ 減損がありそうなら、減損損失を測定する

※資産をキャッシュフローを生む最小単位(店舗、路線、工場など)でグルーピングし、今後の評価の対象とする。

● 減損損失の測定の考え方

資産グループの取得価額 ／ 減価償却累計額 ／ 貸借対照表の帳簿価額 ／ 減損損失（損益計算書の特別損失に表示）／ 新しい貸借対照表の帳簿価額 ／ どちらか高いほうの金額：売却価額 ／ 使用価値（将来のキャッシュフローから算出した価値）

❶ 使用価値は、将来生まれると予測されるキャッシュフローの合計額である。

❷ 減損損失は、グループ内の資産に配分され、新しい帳簿価額を基準に減価償却をする。

6 株主資本等変動計算書って、何でしょう？

◉ 純資産の変化を示す決算書

2006年施行の会社法により新設された決算書です。それまでは、配当は期末と中間の2回に限定されていましたが、会社法では、一定の手続きを経れば、年何回でも配当が可能になりました。さらに、M&A（合併・買収）、**自社株買い**（自己株式の購入）、増資などが多くなり、これが純資産の変動に影響します。このため純資産の変動内容を一覧する必要性から新設されたのです。これに伴い配当などを記入した**利益処分計算書**が廃止になりました。

◉ 純資産の内容を確認しよう

純資産は、株主資本と評価・換算差額等などに分類されます。

株主資本は、**資本金**、**資本剰余金**、**利益剰余金**に分類します。

資本金と資本剰余金は株主からの出資額です。利益剰余金は、過去の利益の蓄積分で、過去に利益の多い会社は、利益剰余金が大きくなっています。自社株買いなどで入手した**自己株式**は、株主資本から控除します。資本金を株主に返すのと本質的に同じだからです。

評価・換算差額等は、土地や持ち合い株式などの含み益などです。少し説明しましょう。土地などの時価が高くなって含み益が10ある場合、資産は10増加します。貸借対照表の右側では、評価・換算差額を10増やせば左右の金額が一致しますね。このように資産の含み益を反映させたものが評価・換算差額等です。

自己資本と株主資本はどこが違うのですか？

自己資本は、株主資本と評価・換算差額等の合計です。自己資本に少数株主持分（連結のみ）などを加えると純資産になります。

> **POINT** 純資産の1年間の変化を示した表である

★ 貸借対照表、損益計算書、株主資本等変動計算書の関係

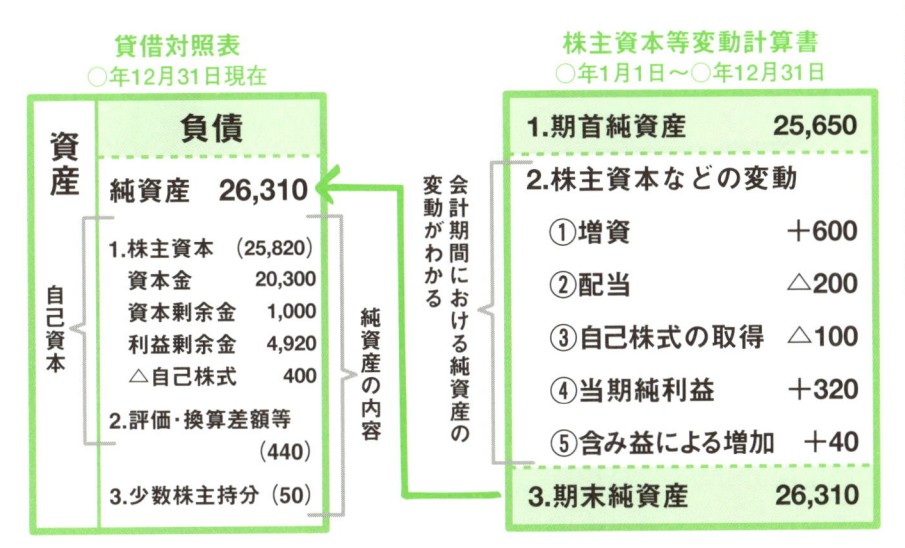

貸借対照表
○年12月31日現在

資産	負債
	純資産　26,310

純資産の内訳：
- 1. 株主資本（25,820）
  - 資本金　20,300
  - 資本剰余金　1,000
  - 利益剰余金　4,920
  - △自己株式　400
- 2. 評価・換算差額等（440）
- 3. 少数株主持分（50）

（1と2が自己資本）

株主資本等変動計算書
○年1月1日～○年12月31日

1. 期首純資産	25,650
2. 株主資本などの変動	
①増資	＋600
②配当	△200
③自己株式の取得	△100
④当期純利益	＋320
⑤含み益による増加	＋40
3. 期末純資産	26,310

会計期間における純資産の変動がわかる

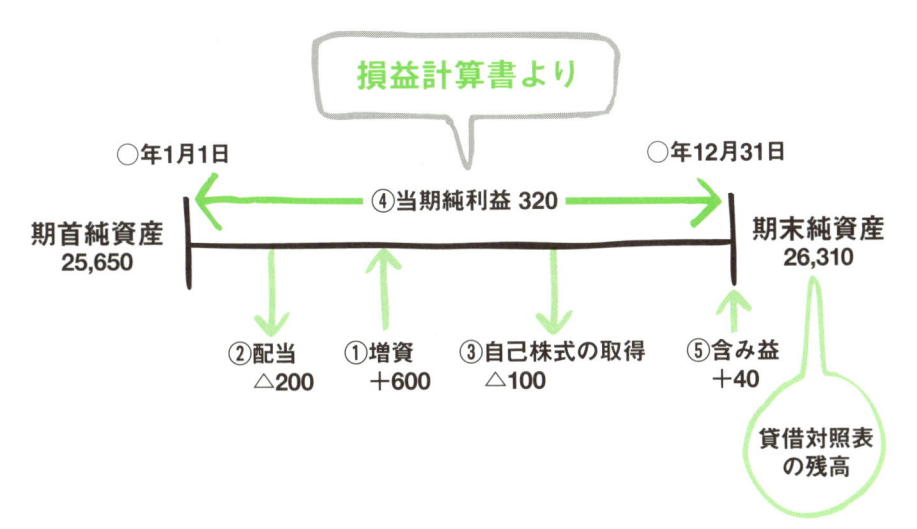

損益計算書より

○年1月1日 ────────── ○年12月31日
期首純資産 25,650 → ④当期純利益 320 → 期末純資産 26,310（貸借対照表の残高）

- ②配当 △200
- ①増資 ＋600
- ③自己株式の取得 △100
- ⑤含み益 ＋40

株主資本＋評価・換算差額等の合計を**自己資本**と呼びます。詳しくいえば、新株予約権と連結で使われる少数株主持分を加えたものが純資産です。

※少数株主とは、親会社以外の株主のことで、少数株主持分は、親会社以外の株主の左側の資産に対する権利（持分）を示しています。

7 自社株買いって、なぜするのでしょう?

◎ 金庫株にして、企業買収などで活用する

　自己株式を株式市場から買い戻すことを**自社株買い**と呼んでいます。自社株買いをした株は、消却（自社株消却）することが原則ですが、引き続き保有することも可能です。保有している自己株式のことを**金庫株**と呼んでいます。

　🗣 金庫株にする理由は何ですか？

　金庫株にすると、自社株を活用ができるからです。たとえば、ストックオプション（自己株式で報酬を支払う制度）や株式交換による買収を行う場合の支払い手段として活用できるためです。

　金庫株は、株主資本の控除項目になり、純資産を減少させます。なぜなら、自己株式を買い戻すということは、資本金を株主に返すことと同じだからです。しかし資本金を減らすことは**減資**といって別に厳密な手続きが必要で、自社株買いと区別します。

◎ 株価のアップに役に立つ

　自社株買いを行うと、消却しても金庫株でも、発行済み株式が減少します。そうすると**1株当たり純資産**（**BPS**：Book-value Per Share）が増加します。BPSは、1株当たりの価値なので、BPSの増加は株価アップにつながります。上場会社の実際の株価は、BPSの1倍から2倍程度になっています。

　自社株買いは、会社のお金を株主に返還することなので配当と同じ株主還元です。大手の会社では、配当と自社株買いを合わせて、株主にどのくらい配分するかという**総還元性向**を目標として、株主還元策を進め、株価をアップしようという動きもみられます。

POINT 余ったお金を株主に返すことで、様々な効果を狙っている

★ 自社株買いをする理由

- ストックオプションを行うときの準備として
- 株式交換による企業買収のときの対価として
- 敵対的買収にあったときの買い(防衛)手段として
- 配当に代わる株主還元策として

→ 1株当たりの純資産(BPS)のアップ

1株当たり純資産(BPS：Book-value per share)アップで、株価もアップ

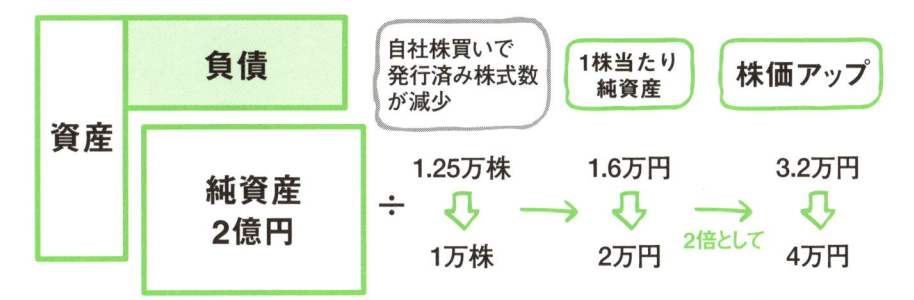

| 資産 | 負債 |
| | 純資産 2億円 |

自社株買いで発行済み株式数が減少

純資産 2億円 ÷ 1.25万株 → 1万株

1株当たり純資産 1.6万円 → 2万円

株価アップ 3.2万円 → 4万円（2倍として）

● **総還元性向** 会社の株主への利益配分の意向を見ることができる

$$\frac{年間配当＋自社株買い}{当期純利益} ＝ 総還元性向$$

① 分母は連結当期純利益を使うことが多い。M&Aの増加と株主重視の傾向が高まると総還元性向は大きくなる傾向がある。好業績企業は、30〜60%ぐらいある。

② 分子を年間配当だけにして計算すると、配当性向になる。

8 連結決算書を見るときのポイントは？

◎ 少数株主持分と少数株主損益を理解しよう

連結決算書は、親会社を中心にした企業グループ全体の決算書です。企業グループとは、親会社、子会社、関連会社のことです。

右ページの下段で確認してください。

単体決算書にはない勘定科目は何ですか？

まず純資産の中にある少数株主持分です。純資産は株主の持分でしたね。連結決算書でも同じです。資本金、資本剰余金、利益剰余金とあるのは親会社の株主の持分で、親会社以外の株主持分が**少数株主持分**（明細は記述しなくてよい）です。100％出資の子会社だけなら、少数株主持分は発生しません。

次に損益計算書にある**少数株主損益**です。これはグループであげた利益100のうち、少数株主持分の割合が10％なら、少数株主損益は10です。親会社の株主の利益は、少数株主損益を控除して90となります。そのため連結損益計算書の利益は、親会社の株主のものだということを表しています。

◎「持分法による投資損益」は関連会社が稼いだ利益

連結貸借対照表には親会社と子会社の資産、負債が掲載されていて、関連会社の資産、負債は、掲載されていません。

関連会社の業績は、連結にどのように反映させるのですか？

利益だけを反映させます。20％を出資している関連会社Ａ社が利益10をあげると、2（10×20％）を「持分法による投資損益」として営業外収益に計上し、親会社所有のＡ社株式を2アップさせます。Ａ社が損失ならば営業外費用になり、Ａ社株式は2減額します。

POINT どのような点が単体決算書と違うか知っておこう

★ 連結決算書を見るポイントとは？

● グループであげた利益は、少数株主持分と親会社持分に分けて表示される

親会社Q社連結貸借対照表

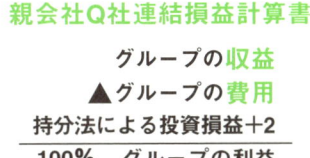

親会社と・子会社の **資産** 関連会社A社の株式 20+2 ⇒ 22	親会社・子会社の **負債**
	純資産 100% … 親会社の 資本金 資本剰余金 利益剰余金

親会社Q社連結損益計算書

　　　　　グループの収益
　▲グループの費用
　持分法による投資損益+2
100%　グループの利益
10%　▲少数株主損益
90%　　　　利益

→ 親会社持分 90%
→ 少数株主持分 10%

● A社（関連会社）で利益10がでると、親会社Q社の出資比率20％相当分の2だけのA社株式が増加（20+2=22）する。

関連会社A社の損益計算書

売上高 300
費用　290
利益　 10

10×（Q社の出資比率20%）＝＋2

Q社連結損益計算書

　　　　　グループの収益
　▲グループの費用
　持分法による投資損益＋2
　　グループの利益
　▲少数株主損益
　　　　　利益

Q社が保有するA社株式は、20＋2 ⇒ 22に増加

親会社は、子会社を支配している会社で、連結決算書を作成する会社です。

子会社は、親会社にとって株主総会などで意向を容易に反映できる会社です。たとえば、親会社が議決権の50％超を握れば、握られた会社は子会社になったといえますが、実際は、実質的に判断します。

関連会社は、子会社ほどではないが影響力を与えることができる会社です。

column 借金が多くても倒産しないのはなぜ?

　会社が倒産するとはどういうことでしょうか。新聞などでは、会社が倒産したという事実は、会社更生法とか民事再生法の適用などの記事で認識できますね。このような法律によって、会社の財産を一時凍結して、管財人が会社の財産を換金し、債権者に公平に分配する役目を担います。

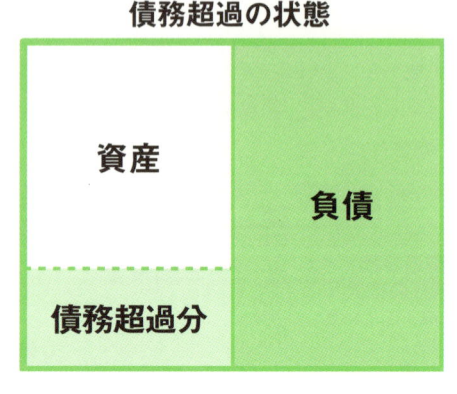

債務超過の状態

（資産／負債／債務超過分）

　実は、会社更生法などが適用になる前に、実質的に倒産しているのです。会社の倒産は、本質的にいえば、会社の借金を返済できなくなることです。後継者難や事業継続の意欲をなくして事業を自主的に廃業することとは区別して考えてください。

　逆に考えると、借金がたくさんあっても、お金を返せていれば、倒産しないわけです。**債務超過**という言葉を聞いたことはありませんか。貸借対照表の資産より負債が大きくなっている状態です。こうなると純資産はマイナスで、株主の持分（資産）はありません。上場会社なら株価はゼロの状態です。このような債務超過になっても倒産しない企業はたくさんあります。それは借金を何とか返せる見通しがあるからです。銀行などに**債権放棄**を依頼し、受け入れてもらったり、新たな出資者やお金を貸してくれる者が現れれば倒産しません。銀行との仲介役や出資者としての役目を国が担うために産業再生機構を作ったのはご存知ですね。

　中小企業でも、明らかに儲かっていないのに倒産しない企業はたくさんあります。本業は儲かっていないが、副業で利益を得て、本業に資金を提供しているからです。

Question1　次の説明に当てはまる語句を考えなさい。

①来期分の費用を、今期に支払った分は資産にする

②固定資産が利益を生まなくなったら損失が発生

③資産＜負債の状態

④仕入先からの借入金の性格がある負債

⑤企業グループとは、親会社、子会社とあとは

⑥自社株買いで保有している株式を何という

⑦連結貸借対照表で、親会社持分以外の純資産部分を何という

⑧配当をどのくらいしたかを見るための決算書

⑨固定資産の減価償却は使用期間にわたって行う。使用期間の別名

⑩サービスの提供はすでに受けたが、支払期限は来期で、今期まだ払ってない家賃、光熱費などのこと

解答
①前払費用　②減損損失　③債務超過　④買入債務（支払手形、買掛金）
⑤関連会社　⑥金庫株（自己株式）　⑦少数株主持分
⑧株主資本等変動計算書　⑨耐用年数　⑩未払費用

Question 2 以下の条件から、機械装置の固定資産売却損益を計算しなさい。

> 機械装置の購入原価（取得原価）5000
> 残存価額　取得原価の10％
> 定額法で償却
> 耐用年数5年

購入3年後に、この機械装置を2000で売却しました。
固定資産の売却損益を計算しなさい。

解答

以下の順番に考えます
① 年間の減価償却費
　（取得原価5000－残存価額500）÷5年＝900
② 3年間の減価償却の累計
　900×3年＝2700
③ 3年後（売却時点）の機械装置の帳簿価額
　5000－2700＝2300
④ 機械装置の売却損益
　売却額2000－帳簿価額2300＝△300（固定資産売却損〈特別損失に計上〉）

PART 4
キャッシュフローを読むポイントと経営課題

いかがでしたか？
貸借対照表のポイントは、わかりましたでしょうか？
次は、キャッシュフロー計算書です。
本書も、いよいよ後半戦に突入。
あともう一息です。がんばりましょう。

キャッシュフローの見える化

+は収入△は支出　　　　　　　　　　単位百万円

1. 営業活動によるキャッシュフロー	
＋　① 売上収入	15,000
△　② 仕入代金の支払い	△8,800
△　③ 販売費の支払い	△2,700
△　④ 一般管理費の支払い	△1,500
小計	**2,000**
△　⑤ 法人税・住民税・事業税	△1,000
△　⑥ 利息の支払い	△250
＋　⑦ 利息と配当の受取り額	150
合計　営業キャッシュフロー	**900**
2. 投資活動によるキャッシュフロー	
△＋　⑧ M&Aによる子会社株式などの購入・売却	△1,400
△＋　⑨ 設備投資で土地・建物を購入・売却	△2,000
△＋　⑩ 資産運用で株・債券を購入・売却	230
合計　投資キャッシュフロー	**△3,170**
2＋3　フリーキャッシュフロー	**△2,270**
3. 財務活動によるキャッシュフロー	
＋　⑪ 新規の借入れ	5,200
△　⑫ 借入れの返済	△1,500
＋　⑬ 資本金の出資を受ける	0
△　⑭ 配当金の支払い	△500
△　⑮ 自社株買い	△120
合計　財務キャッシュフロー	**3,080**
4. キャッシュフロー（1＋2＋3）	**810**
5. 期首の現金預金の残高	**1,200**
6. 期末の現金預金の残高（4＋5）	**2,010**

PART4-4 キャッシュフローの捉え方　→ 124ページへ

PART4-1 売上債権・在庫と営業キャッシュフロー　→ 118ページへ

PART4-2 減価償却費と営業キャッシュフロー　→ 120ページへ

PART4-3 営業キャッシュフローを増減させるもの　→ 122ページへ

PART4-5 減価償却費と投資の関係　→ 126ページへ

PART4-6 投資を回収するという意味　→ 127, 128ページへ

1 利益がでているのに、お金が不足する理由は?

◉ 利益がお金になっていないからだ

　利益がでているのにお金が不足するのはなぜでしょう？　答えは簡単です。利益がお金として入金されず、キャッシュフロー（収支）がマイナスだからです。原因で多いのは売上債権と在庫の増加です。この点はPart 1の18のドラックチェーンの例で、在庫が営業キャッシュフローを悪化させることを説明しました。Part 3の1のラーメン屋の例では、売掛金のない現金商売の強みを説明しました。

ラーメン屋のような資金繰りが楽なケースはまれなのでは？

　ドラックストアやラーメン屋のような小売店は現金商売なので比較的資金繰りは読みやすいのですが、売上債権や在庫が多い卸売業や製造業では、小売りのようにはいきません。次に営業キャッシュフローを悪化させる過程を説明するので、シッカリ理解してください。

◉ 収支は、利益で増えるが、在庫や売上債権の増加で減っていく

　右ページの図を参照して、収支の動きとその原因をよくみてください。①現金400を使って商売をスタートさせます。②まずは、現金で商品300を仕入れました。現金は300減少し、その代わりに商品（在庫）が増えています。**（原則1：在庫の増加で現金が減少）**③商品を売価400で現金販売しました。②と③の収支合計は100の増加で、利益と一致します。**（原則2：利益が現金を増やす）**④追加で商品200を現金仕入れし、すぐに320で販売しました。代金は来月の予定です。④の収支は△200の赤字で、利益120－売掛金増加320でとらえられます。**（原則3：売掛金320の増加は、利益120で生まれるはずのお金を減らす）**次ページへ。

POINT 売上債権、在庫の増加が、悪さしている

★ 運転資金の過不足が起こる流れ①

① スタート

| 現金 400 | 資本金 400 |

② 商品を300仕入れ、現金で支払った

| 現金 100 | 資本金 400 |
| 商品 300 | |

②の動き
収入0－支出300＝収支△300
＝在庫の増加300

> **原則1** 在庫の増加は、現金を減少させる。

③ 商品300を400で現金販売

| 現金 500 | 資本金 400 |
| | 利益 100 |

②と③を合わせた動き
収入400－支出300＝収支100
＝利益100＝売上400－費用300

> **原則2** 利益は現金を増加させる。

④ 商品200を現金で仕入れ、320で販売。代金は未回収

仕入

| 商品 200 |
| 利益 120 |

→

| 現金 300 | 資本金 400 |
| 売掛金 320 | 利益 220 |

④の動き
収入0－支出200＝収支△200
＝利益120－売掛金増加320

> **原則3** 売掛金などの売上債権の増加は、利益増加で増えるはずの現金を減少させる。

2 利益が減ったのに、お金が余る理由は?

◎ 収支を増やすのは、買掛金と減価償却費だ

118ページからの続きです。⑤商品300を仕入れるために、現金100を支払い、200は来月払いです。⑤だけで見ると、収支は△100の赤字です。商品仕入で△300を支出するはずの現金が買掛金200のおかげで、△100で済んだということです。（**原則4：買掛金の増加は、現金の流出を抑え、現金は増加する**）

買掛金って仕入先からの借入金のようなものですね？

そのとおりです。金利は払いませんが……。借入金と考えれば、買掛金の増加で現金が増加することは理解できますね。

⑥銀行からの融資（3年返済）を受け、機械400を購入しました。収支はトントンでゼロです。借入金で現金を調達し、機械に投資したわけです。

◎ 減価償却費は利益を減らすが、同額のお金が残る

⑦機械の減価償却100を実施すると、機械の貸借対照表価額を100減らします。減価償却費は時間の経過とともに物理的価値が減少することを費用として損益計算に反映させる処理でしたね。貸借対照表では純資産の利益剰余金が100減って左右のバランスがとれます。減価償却費は、計算上の費用なので現金はまったく動きません。ここがポイントです。減価償却費100で利益が減りますが、お金は動かないので、同額のお金が会社に残るのです。（**原則5：減価償却費は、利益は減るが、その金額相当の現金が残る**）

それなら減価償却費でヘソクリができるね？

そのとおりです。よく覚えておいてください。

POINT 買掛金や減価償却費のいたずらだ

★ 運転資金の過不足が起こる流れ②

⑤ 商品300を仕入れ、100は現金支払い、200は掛けとした

現金 200	買掛金 200
売掛金 320	資本金 400
商品 300	利益 220

⑤の動き
収入0－支出100＝収支△100
＝－商品増加300＋買掛金増加200

原則4
買掛金などの買入債務の増加は、現金流出を抑え(現金を増加させ)る。

⑥ 銀行融資（3年返済）により機械を400で購入

現金 200	買掛金 200
売掛金 320	長期借入金 400
商品 300	資本金 400
機械 400	利益 220

⑥の動き
収入400－支出400＝収支0
＝借入金400－機械の増加400

⑦ 機械の減価償却費を100計上する

現金 200	買掛金 200
売掛金 320	長期借入金 400
商品 300	資本金 400
機械 300	利益 120

売上	720
▲売上原価	500
粗利益	220
▲減価償却	100
利益	120

⑦の動き
収入0－支出0＝収支0
＝－減った利益100＋減価償却100

原則5
減価償却費は、利益は減るが、その金額相当の現金が残る

減価償却費のように、費用だが、現金が流出しない費用を非資金費用という

3 営業キャッシュフローを増減させる曲者は何だ？

◉5つの原則で営業キャッシュフローは変化する

これまで見てきた5つの原則を確認してみましょう。

①**利益が現金を増やす**⇒逆にいえば損失は現金を同額だけ減らすのです。営業キャッシュフローなら、営業利益を利益と考えます。

②**減価償却費は、利益は減るがその金額相当の現金が増加する**⇒利益で増える現金に加え減価償却費相当の現金が増えている（残っている）と考えましょう。①と②の合計は**粗キャッシュフロー**です。

③**売掛金の増加は、現金を減らす**⇒逆に売掛金の減少は、現金の増加と考えます。売掛金が回収されると考えればわかりますね。

④**在庫の増加で現金が減少**⇒在庫の増加は、現金を使ったと考え現金が減ると考えます。逆に在庫の減少は、現金の増加と考えます。

⑤**買掛金の増加は、現金を増加させる**⇒売掛金と在庫の増加による現金減少圧力を緩和します。仕入先には感謝ですね。

①②⑤は増えると現金が増えて、③④は増えると現金が減る？

いいところに気付きましたね。在庫と売掛金を増やさないように管理し、利益を増やせば資金繰りはよくなります。しかし資金繰りのために買掛金を増加させる（支払期限を延長する）と仕入先は困るので注意しましょう。また減価償却費によって現金が残るので、利益＋減価償却費だけ現金が増えると理解しましょう。

固定資産の購入や売却（売却益を含む）は、**投資キャッシュフロー**です。借入や増資による資金調達、借入金の返済や配当の支払いは**財務キャッシュフロー**です。貸借対照表をイメージすると理解が早いので、右ページの図をよくみて理解してください。

> **POINT** 営業利益、減価償却費、売上債権、在庫、買入債務の増減だ

★ キャッシュフローの増減とは？

● キャッシュフローの増減は貸借対照表の資産・負債、純資産の増減で起こる

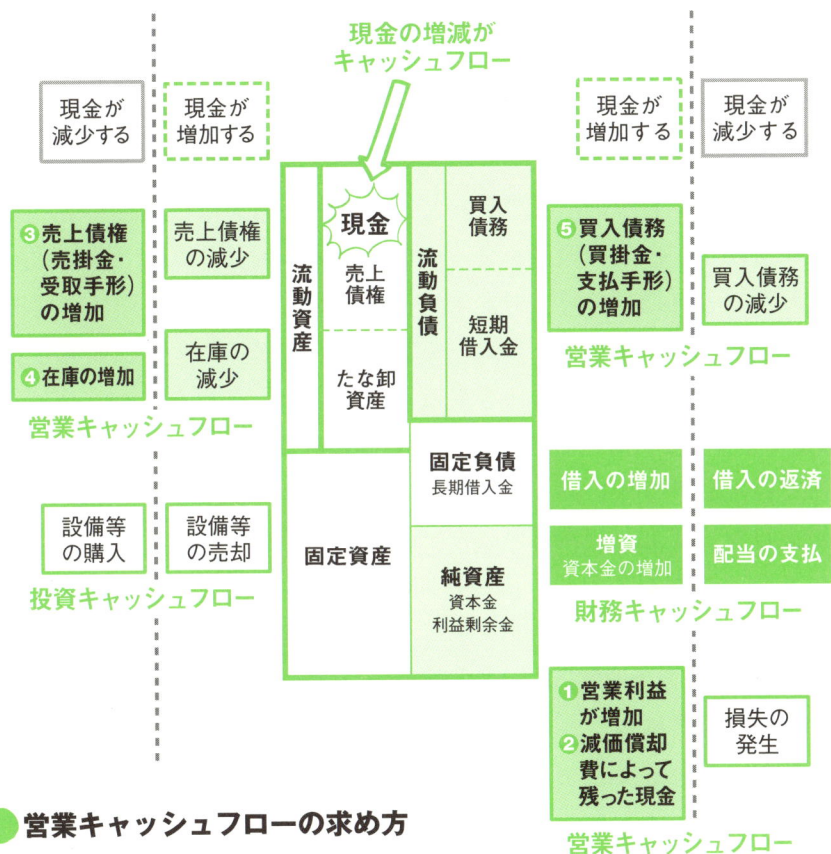

現金の増減がキャッシュフロー

【資産側】
- 現金が減少する ← ❸売上債権（売掛金・受取手形）の増加
- 現金が増加する ← 売上債権の減少
- 現金が減少する ← ❹在庫の増加
- 現金が増加する ← 在庫の減少

（営業キャッシュフロー）

- 設備等の購入 → 現金が減少する
- 設備等の売却 → 現金が増加する

（投資キャッシュフロー）

【貸借対照表】
- 流動資産：現金、売上債権、たな卸資産
- 流動負債：買入債務、短期借入金
- 固定負債：長期借入金
- 固定資産
- 純資産：資本金、利益剰余金

【負債・純資産側】
- 現金が増加する ← ❺買入債務（買掛金・支払手形）の増加
- 現金が減少する ← 買入債務の減少

（営業キャッシュフロー）

- 借入の増加 → 現金が増加する
- 借入の返済 → 現金が減少する
- 増資 資本金の増加 → 現金が増加する
- 配当の支払 → 現金が減少する

（財務キャッシュフロー）

- ❶営業利益が増加
- ❷減価償却費によって残った現金
→ 現金が増加する
- 損失の発生 → 現金が減少する

（営業キャッシュフロー）

● 営業キャッシュフローの求め方

営業利益（－税金）＋減価償却費
　－売上債権の増加額（減少は＋）
　－在庫の増加額（減少は＋）
　＋買入債務の増加額（減少は△）

> 在庫や売上債権などをシッカリ管理しないと、利益がでていても現金が不足する事態をまねく。

4 貸借対照表と損益計算書からキャッシュフローを読む方法は？

◎これまでの事例でキャッシュフローを計算してみよう

直接法は収入と支出をそのまま集計したものです。**間接法**は、5つの原則を使って作る方法で、実際のキャッシュフロー計算書でも営業キャッシュフローの計算で使います。両者の結果は一致します。

間接法は、5つの原則を使っているので、損益計算書（利益と減価償却費）と2期分の貸借対照表（在庫の増減、売掛金の増減、買掛金の増減）からキャッシュフローを算出できるのです。ぜひ理解してください。キャッシュフローを見ることが楽しくなりますよ。

キャッシュフローは、貸借対照表と損益計算書でわかるんだ？

そのとおりです。間接法的な見方をすれば、キャッシュフロー計算書を見なくても、貸借対照表と損益計算書でキャッシュフローの動きを読むこともできるし、決算書間の関係もつむことができるのです。ここは会社数字を見るポイントです。

◎貸借対照表を理解しないとキャッシュフローも理解できない

損益計算書は得意という方も、貸借対照表を理解しないとキャッシュフローも理解できないし、貸借対照表を意識しないと、キャッシュフローはコントロールできないのです。右ページのように利益120でも、営業キャッシュフローは赤字（△200）という例は現実にも多くあります。もし売掛金320を回収（売掛金の減少）できれば、営業キャッシュフローは120の黒字になりますね。大手の会社の実数にたとえると、売掛金32億円の規模の回収で、△20億から、12億円の黒字になるということです。この計数感覚が営業担当者などにあれば、無理な営業で不良債権をつくってしまうこともないでしょう。

POINT 間接法という方法を理解しよう

★ 2つのキャッシュフロー計算書

直接法

I 営業キャッシュフロー			
＋	❸ 現金売上	400	
△	❷ 仕入代金	300	
△	❹ 仕入代金	200	
△	❺ 仕入代金	100	△200
II 投資キャッシュフロー			
△	❻ 機械購入	400	△400
III 財務キャッシュフロー			
＋	❻ 長期借入金	400	＋400
I＋II＋III＝現金増加額			△200
❶ 現金期首残			400
❼ 現金期末残			200

> 営業キャッシュフローと投資キャッシュフローの合計をフリーキャッシュフローという

(注)番号は、7つの事例(Part4-1と2参照)の番号です。

間接法

I 営業キャッシュフロー	
＋ 利益	＋120
＋ 減価償却費	＋100
△ 売掛金の増加	△320
△ 商品の増加	△300
＋ 買掛金の増加	＋200
合計	△200
II 投資キャッシュフロー	
△ ❻ 機械購入	△400
III 財務キャッシュフロー	
＋ ❻ 長期借入金	＋400
I＋II＋III＝現金増加額	△200
❶ 現金期首残	400
❼ 現金期末残	200

⇒

I 営業キャッシュフロー	
＋ 利益	＋120
＋ 減価償却費	＋100
△ 売掛金の増加	0
△ 商品の増加	△300
＋ 買掛金の増加	＋200
合計	＋120

> もし売掛金320を回収すると120の黒字になる

(注)営業キャッシュフローの各増減は、事例の番号①と⑦のB/S・P/Lを比べてみてください。

5 借金しないで、設備の買い替えができるんですよ？

◉ 減価償却により、固定資産に投入したお金を回収する

　トラックを購入して事業を始めます。トラック400万円は1年目に現金で払い、減価償却費以外の費用はすべて**現金支出費用**です。売上高も現金売上です。4年間の**キャッシュフロー**は960万円（売上収入8700万円－現金支出費用7740万円（直接法））です。利益600万円＋減価償却費360万円（間接法）でも求められます。

　トラックへの投資400万円のうち360万円は、4年間で現金回収したことになります。このように減価償却費は固定資産へ投資した現金を回収する機能（**自己金融機能**）があります。

◉ 設備投資の3つのパターン

　しかし初期投資は400万円なので、4年間の回収額360万では、40万円の赤字です。

　🗨 40万円って残存価額と同じですね？

　いいところに目をつけましたね。4年後の貸借対照表には40万円の残存価額が残っています。もし40万円で4年後売却できれば、400万円すべて回収できたことになります。

　減価償却費と残存価額で投資資金を回収し、それを更新投資に利用すれば、借金しないでも設備の更新が可能になります。（回収したお金は積み立てておけば確実ですが、現実は計算上の考え方です）

　毎年の設備投資計画を立案する場合、①減価償却費の範囲で行う、②利益＋減価償却費の範囲で行う、③ ②の額を超えて投資を行う、という3つのパターンがあります。最低限でも①、借金しないなら②、強気ならば③が設備投資の基本パターンになります。

> **POINT** キャッシュフロー（利益＋減価償却費）の範囲で投資する

★ 設備投資の考え方

● 4年間で、360万円だけ、投資資金を回収できた

〈単位:万円〉

			1年目	2年目	3年目	4年目	合計
損益計算書	❶	現金売上	2,000	2,100	2,200	2,400	8,700
	❷	現金支出費用	1,800	1,900	1,950	2,090	7,740
	❸	減価償却費	90	90	90	90	360 ← 投資資金回収
	❹	利益	110	110	160	220	600
❶−❷ または ❸+❹		キャッシュフロー	200	200	250	310	960

❶ 減価償却費の累計360万円は、固定資産(トラック)へ投資したお金を回収した額を意味する。

❷ 直接法:売上収入8,700万円−現金支出費用7,740万円=960万円
間接法:利益600万円+減価償却費360万円=960万円

❸ キャッシュフロー960万円は営業キャッシュフローである。トラックの購入代金400万円(投資キャッシュフロー)を控除した560万円をフリーキャッシュフローという。

● 設備投資予算(年間)の決め方

弱気
❶ 減価償却費の範囲で行う

資金に余裕 ↕
| 設備投資 | 減価償却費 |

堅実
❷ 利益+減価償却費の範囲で行う

資金にまだ余裕 ↕
| 設備投資 | 利益 / 減価償却費 |

強気
❸ 利益+減価償却費を超えて行う

借入などが必要になる ↕ ←
| 設備投資 | 利益 / 減価償却費 |

利益は税引き後を使う

6 複数の投資案を比較するとき、どのように考える?

◎ 利益が多い事業を選ぶという考え方

　AとBの2つの事業があります。AとBのどちらかを選ばなければならないとしたら、どう考えて選びます?

　A事業は、初期投資1億円です。営業利益1000万円／年がでる予定です。毎年の減価償却費も1000万円です。

　B事業は、初期投資8000万円です。営業利益800万円／年がでる予定です。毎年の減価償却費は1500万円です。

　うーん？　利益の多いA事業かな？

　確かにA事業のほうが利益は多いですね。しかし初期投資も多いですよ。説明していませんが、**収益性**という考え方があります。A事業は、1億円投資して1000万円の利益ですから、年間10％（1000万円÷1億円）の収益性と考えます。B事業も10％です。収益性は同じなので、投資資金をたくさん準備できるなら、Aのほうが有利ですね。収益性が違えば、大きいほうを選ぶ考え方もあります。

◎ 投資の回収期間で考えてみよう

　今まで勉強してきたキャッシュフローを使います。A事業の営業キャッシュフローは2000万円／年（営業利益1000万円＋減価償却費1000万円）です。初期投資1億円を年間2000万円の営業キャッシュフローで回収すると5年かかります。

　B事業は、初期投資8000万円、年間の営業キャッシュフロー2300万円なので、3.5年です。B事業のほうが、投資資金を早く取り戻せます。1年先も見えない時代です。できるだけ早い回収期間が見込めるB事業のほうが有利ではないでしょうか？

POINT 何年で投資を回収できるかで判断する

★ A事業とB事業どちらを選ぶ？

A事業

初期投資	1億円
営業利益	1,000万円／年
減価償却費	1,000万円／年

B事業

初期投資	8,000万円
営業利益	800万円／年
減価償却費	1,500万円／年

❶ 収益性 ⇨ 営業利益÷初期投資＝投資利益率（ROI）
（注）ROI（Return On Investment）

1,000万円÷1億円＝10%　　800万円÷8,000万円＝10%

同じ

❷ 投資回収期間 ⇨ 初期投資÷年間キャッシュフロー

1億円÷2,000万円＝5年　　8,000万円÷2,300万円≒3.5年

有利

> 収益性が同じなので、初期投資額を早く回収したほうが有利。

column キャッシュフローの活用法はたくさんある

　キャッシュフロー計算書が制度化されたのは、2000年3月期の上場会社の決算からです。それまでも資金収支表とか資金運用表などがありましたが、一般的に知られていませんでした。キャッシュフロー計算書が制度化されると中小企業にも普及していきました。

　しかし、キャッシュフローは非常に重要にもかかわらず、その内容を理解できない人も多く、経営現場で活用できていないのではないでしょうか。そんな事情もあって、損益計算書中心の経営判断が行われているのが実情です。

　キャッシュフローを意思決定に活用することは、非常に重要なことです。**企業価値**がいくらで、買収価額がいくらだという話題が後を絶ちません。企業価値はいろいろな算定方法がありますが、よく使われる手法はキャッシュフローによるものです。将来生み出されるフリーキャッシュフローを基礎に算定する**DCF法**などがあります。利益は会計基準によって異なった結果になるため、会計基準の影響を受けないキャッシュフローを使うのです。特にグローバル企業の算定には、国ごとの会計基準の違いの影響をなくすために、キャッシュフローを使うことは不可欠です。

　すでに本文で説明した**減損会計**においても、キャッシュフローを使って固定資産の価値を算定します。

　借入金を営業キャッシュフローで除して求める**債務償還年数**は、借入金を営業キャッシュフローで返せば、何年かかるかという経営指標です。多くの企業が債務過剰といわれていた2000年前後には、債務償還年数が10年を超える企業も多く、債務過剰が問題になりました。一度チェックしてみてはどうですか。

Question 以下の2期貸借対照表と損益計算書から、営業キャッシュフローの計算をしなさい。

ヒント：現金増減欄を見ながら、キャッシュフロー計算書に＋△の数値を入れて合計しよう！

	前期	当期	現金増減
現金預金	300	470	＋170
売掛金	250	270	△20
商品	350	460	△110
固定資産	500	400	＋100
資産合計	1,400	1,600	△200
買掛金	500	650	＋150
短期借入金	200	200	0
純資産			0
資本金	150	150	0
利益剰余金	550	600	＋50
負債・純資産合計	1,400	1,600	＋200

現金売上　　　　　2,000
△現金支出費用　　1,850
△減価償却費　　　 100
営業利益　　　　　 50

←一致している

間接法による営業キャッシュフロー

営業利益　　　　　　　　　□
減価償却費　　　　　　　　□
売掛金の（増加・減少）　　□
商品の　（増加・減少）　　□
買掛金の（増加・減少）　　□
営業キャッシュフロー（計）□

解答

営業利益	＋50	①利益で増加
減価償却費	＋100	②減価償却で増加
売掛金	△20	③売掛金増で減少
商品	△110	④在庫増で減少
買掛金	＋150	⑤買掛金増で増加
計	＋170	← 現金の増加と一致

（注）固定資産は、増加していません。減価償却によって100減っただけです。よって投資キャッシュフローも財務キャッシュフローもありません。

PART 5

経営分析と管理会計の基礎を学ぼう

決算書はある程度理解できましたか。Part1〜Part4までは、
損益計算書、貸借対照表、キャッシュフロー計算書に
直接関係するテーマを取り上げ、基礎固めをしてきました。
Part5とPart6は、応用編です。
決算書に関する知識をより活用して、
経営分析を行い、経営の問題点や課題を明確にしていく必要があります。
詳細は、「［新版］経営分析の基本がハッキリわかる本」、
「計数感覚がハッキリわかる本」に譲りますが、
基本はぜひここで確認してください。
Part5では、経営分析と管理会計の楽しさを紹介します。
Part6では、入門者のために最低限必要な
株式投資に関する情報の見方を紹介します。
もう少しで、終了です。がんばってください。

経営分析と管理会計の見える化

PART5 経営分析と管理会計の基礎を学ぼう

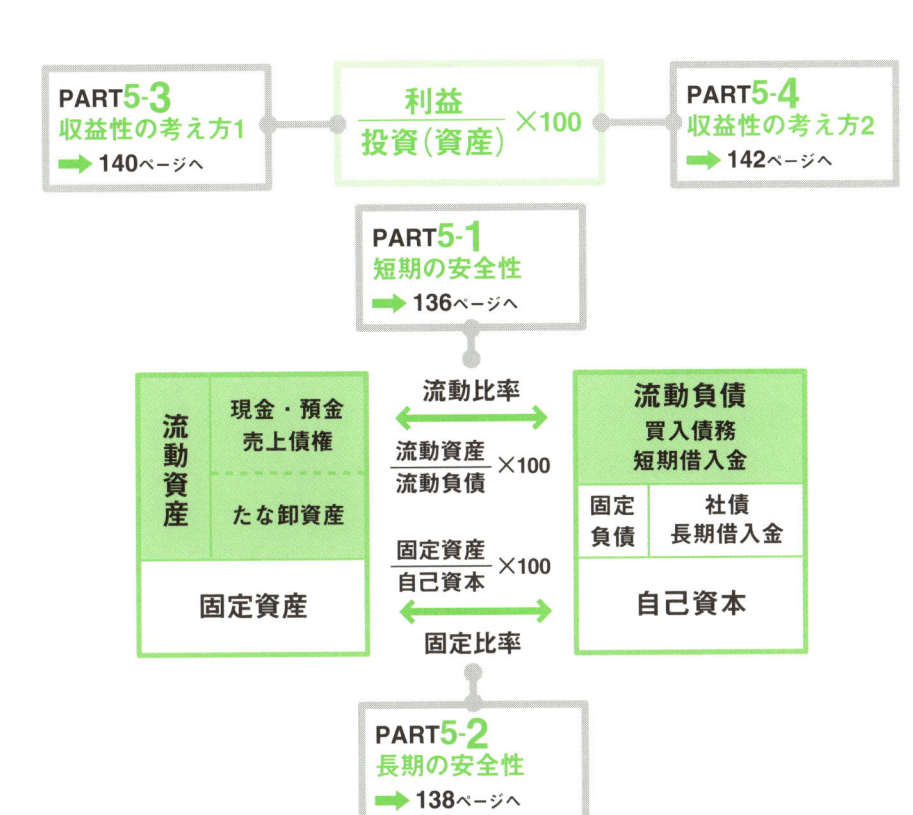

PART5-3 収益性の考え方1 → 140ページへ

$$\frac{利益}{投資(資産)} \times 100$$

PART5-4 収益性の考え方2 → 142ページへ

PART5-1 短期の安全性 → 136ページへ

流動比率

$$\frac{流動資産}{流動負債} \times 100$$

$$\frac{固定資産}{自己資本} \times 100$$

固定比率

流動資産	現金・預金 売上債権
	たな卸資産
固定資産	

流動負債	買入債務 短期借入金
固定負債	社債 長期借入金
自己資本	

PART5-2 長期の安全性 → 138ページへ

変動損益計算書

目標売上高 275万	変動費 110万	
	限界利益 165万	固定費 75万
		利益 90万

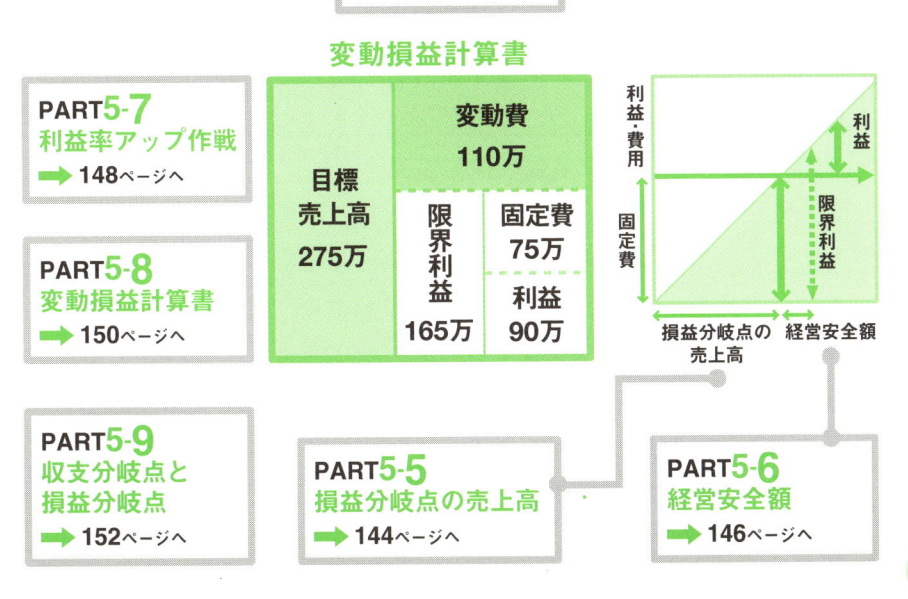

PART5-7 利益率アップ作戦 → 148ページへ

PART5-8 変動損益計算書 → 150ページへ

PART5-9 収支分岐点と損益分岐点 → 152ページへ

PART5-5 損益分岐点の売上高 → 144ページへ

PART5-6 経営安全額 → 146ページへ

（利益・費用／固定費／限界利益／利益／損益分岐点の売上高／経営安全額）

1 安全性分析って何を見ること？

◎ 短期の安全性は、流動負債を1年以内に払えるかどうか

　安全性分析の目的は、負債の返済能力を判断することです。短期と長期の安全性分析があります。

　短期の安全性分析とは、1年以内に返済期限の到来する負債（流動負債）を返済できる準備（資産）があるかどうかを判断することです。流動負債の返済原資は現金です。しかし「現金は利益を生まない」という理由で、会社は一定額以上の現金を持ちません。そうすると支払手段としての現金が不足するので、短期の安全性分析では在庫や売上債権も支払手段と考えます。よって短期の安全性分析では、流動資産と流動負債の大きさを比較して判断します。

流動資産＞流動負債ならば、流動負債は全部返せますね？

　よく気がつきましたね。流動資産の中身は検討を要しますが、流動資産＞流動負債なら、短期の借金（流動負債）は返済できそうですね。流動負債に対する流動資産の割合で**流動比率**（流動資産÷流動負債）を算出して判断します。この値が大きければ大きいほど、流動負債の支払い能力（返済能力）があると評価されます。

◎ 当座比率で、短期の安全性を補完する

　流動資産には、現金、預金、売上債権など現金になりやすい資産とたな卸資産のように販売努力を経て現金になるものがあります。

　1年以内に返済できるか判断するのですから、確実に現金化できる資産と比較したほうがいいですね。そこで当座資産と流動負債を比較する**当座比率**（当座資産÷流動負債）があります。この値が100％を超えていれば、短期の安全性はかなり高いといえます。

POINT 借金の支払い能力を判断すること

★ 短期の安全性とは？

● **流動比率で短期の安全性を見るコツ**
　⇨ 流動資産と流動負債を比較する

😊 短期の安全性が良い状態

流動資産	当座資産	現金・預金
		売上債権 有価証券
	たな卸資産	

＞

| 流動負債 | 買入債務 |
| | 短期借入金 |

$$流動比率 = \frac{流動資産}{流動負債} \times 100$$

150％以上が望ましい

● **支払能力をもっと厳しくチェックするには……**
　⇨ 当座資産と流動負債を比較する

😊 短期の安全性は非常に良い状態

当座資産
現金・預金
受取手形
売掛金
有価証券

＞

流動負債

$$当座比率 = \frac{当座資産}{流動負債} \times 100$$

100％以上が望ましい

2 長期の安全性って何を見ること?

◎ 長期の安全性は、固定資産と自己資本を比較して判断する

　マンションを購入するとき、自己資金か長期のローンを使いますね。自己資金に当たるのが、**自己資本（純資産）**です。長期ローンに当たるのが、固定負債です。マンションは固定資産に当たります。全額自己資金で購入した人は、マンション購入額＝自己資本になるわけですから返済という問題は起こりません。

　自己資本は、利益が生まれれば増えていくので、固定資産＜自己資本になっていれば良い状態です。この状態なら長期の安全性は良いということです。

　長期の安全性を判断するために**固定比率**（固定資産÷自己資本）を使います。分母の自己資本が大きいほうがいいので、値は小さいほど長期の安全性が高いと判断されます。固定比率100％以下の非常によい状態は、固定資産＜自己資本の状態です。

◎ ローンを借りていたら、自己資本に加えて判断する

　マンション購入で、一部自己資金で、残りを長期ローンで賄えば、マンション購入額＝自己資金＋長期ローンとなりますね。これを会社に当てはめれば……どうなりますか？

　🙂 固定資産＝自己資本＋固定負債ということですね？

　理解が進んできましたね。実際は自己資本が利益で増加していくと、良い会社では、固定資産＜（自己資本＋固定負債）になるはずです。**固定長期適合率**［固定資産÷（自己資本＋固定負債）］という指標で判断します。長期借入金などで固定資産を購入しても、この指標が100％以下なら長期の安全性は高いといえます。

POINT 固定資産が自己資本などでカバーできているかチェックすること

★ 長期の安全性とは？

● 固定比率で、長期安全性を見るコツ
⇨ 固定資産と自己資本を比較してみる

😊 **長期の安全性が非常に良い状態**

固定資産 ＜ 純資産（自己資本）

$$固定比率 = \frac{固定資産}{自己資本} \times 100$$

100％以下は非常に良い

● 長期ローンで設備などを購入しているならば……
⇨ 固定資産と（固定負債＋自己資本）を比較する

🙂 **長期の安全性が良い状態**

固定資産 ＜ 固定負債 ／ 純資産（自己資本）

$$固定長期適合率 = \frac{固定資産}{固定負債＋自己資本} \times 100$$

100％以下が望ましい

3 街のカレー屋さんの収益性は、大手外食チェーンより低いか？

◎ 利益額や売上高利益率で考えるという考え方

初期の設備投資1000万円でカレー屋（屋号：街のカレー屋さん）を始めます。年間売上高3000万円、営業利益300万円です。街のカレー屋さんの収益性はどのくらいでしょうか？

営業利益300万円が収益性ですか？

利益を収益性と考えるのは、ちょっと問題ですね。利益が10億円の大手外食チェーンと利益300万円の街の小さな飲食店と比べれば、大手外食チェーンのほうが常に収益性が高いことになります。利益が大きくても経営が苦しい会社もあるし、小さくても経営が楽な会社もあるんですよ。利益以外の要素で考えてみましょう。

そうか！　売上高営業利益率 10%のことかな？

いいですね。これは売上に対する利益の割合ですから規模に関係なく比較できますね。大手外食チェーンでも5%あれば良いほうなので、この指標なら、カレー屋のほうが収益性は高いことになりますね。

◎ 収益性とは、投資したお金に対する儲けの割合

しかし初期の設備投資が考慮されていませんね。これを考慮して考える必要がありませんか。

300万円稼ぐのに、1000万円使ったのか。ウ～ン？

いいところまできましたね。300万円を1000万円で割って％で算出してください。30％になります。これは**投資利益率**（**ROI：Return On Investment**）で、収益性の代表的な考え方です。

100万円預金して金利が2万円なら、預金の収益性（ROI）は2％です。収益性は、投資したお金に対する儲けの割合なのです。

POINT ROIで判断しないと、低いかどうかはわからない

★ ROIで収益性を判断する

● 収益性は、利益で見る？

儲け（利益）

● 収益性は、売上高利益率で見る？

$$\frac{儲け（利益）}{売上高} \times 100 = 売上高利益率（％）$$

売上高営業利益率、
売上高経常利益率など……

● 収益性とは、投資したお金に対する儲けの割合

$$\frac{儲け（利益）}{投資したお金} \times 100 = 投資利益率（％）$$

（ROI：Return On Investment）
これは、投資の利回りである

4 値上げと値下げ、どっちが儲かる？

◎値上げでも、値下げでも儲からない

　収益性が高いということは、少ない投資でより多くの利益を得ることです。街のカレー屋さんの収益性アップ策を考えてみましょう。

カレーの価格を値上げすれば？

　値上げは、利益に直結するので、収益性のアップにつながりそうですが、そうではありません。販売量が落ちて利益が減ってしまう恐れがあるからです。戦略的に方法を考えないとだめですね。

では値下げして、お客を増やして販売量を増やしたら？

　値下げしたら、販売量はアップするかもしれませんが、粗利益率が低下して利益額が減る可能性がありますね。

◎ROIは右ページの図のように2つに分解できる

　①利益率アップ戦略と②回転率アップ戦略が収益性を高めます。値上げは①で、値下げは②です。しかし値下げと値上げは同時にできないですね。どちらか１つを選んで進める必要があります。これが**経営戦略**の基本です。値上げと値下げを繰り返す商売は、お客様から不信感を持たれ、うまくいかない例は多いのです。値下げをすることは、他の店とカレーの味は同じといっているのと同じです。値上げするなら、味に関するプロモーション戦略が必要で、費用がかかります。

では投資額を下げればいいのでは？

　店舗にお金をかけすぎたから下げると考えるのですね。店に相応しい投資をすべきですが、商売を始めたら後の祭りです。商売を始める前に考えるべきことですね。しかし投資額を適正にすると投資回転率が高まり、結果として、ROIもアップすることになります。

POINT 戦略的に考えないと、どっちも儲からないことになる

★ 収益性(ROI)のアップのための2つの戦略

利益率アップ戦略
値上げ
サービス強化
付加価値アップ

$$\frac{利益}{投資} = \frac{利益}{売上高} \times \frac{売上高}{投資}$$

（投資利益率）　（売上利益率）　（投資回転率）
ROI

回転率アップ戦略
値下げ
低価格販売
無駄な資産削減

❶ 回転率をアップさせるには、投資よりも大きな売上をあげる必要があります。

❷ 投資を資産と考えれば、投資回転率は、資産回転率となり、在庫なら在庫回転率、売上債権なら売上債権回転率となります。回転率は、大きいほど資産を有効に使っているといえます。

5 街のカレー屋さんの損益分岐点は？

◎ 費用を変動費と固定費に分けて考える

　損益分岐点というのは利益がゼロになる売上高のことです。商売を行う以上、損益分岐点の売上高がどのくらいか知っておかないと、売上目標も立てられません。右ページの原価情報から、月当りの損益分岐点の売上高を考えてみましょう。まず1ヵ月の総費用を求めましょう。

🗨 ウ～ン。この原価情報だけでは、費用総額は見積もれませんよ？

　そのとおりなのです。人件費45万円と家賃20万円とその他の経費10万円の合計75万円です。それにカレーの材料費ですが、これは何杯売れるかわからないので計算不能です。また、販売価格を決めないと何杯売れるかも予想しにくいですね。

🗨 どうやって販売価格は決めるんだろう？

　周辺のカレー相場を調べる必要があります。庶民的な街のカレー屋さんなので安売り戦略で1杯500円にします。すると500円－200円＝300円の**1杯当たり限界利益**が算出できます。

🗨 75万円と300円がポイントですね？

　75万円はカレーが売れなくても発生する**固定費**です。固定費75万円を300円で割ると損益分岐点の販売数量2500杯がでます。よって損益分岐点の売上高は125万円（500円×2500杯）です。このとき、**総費用**は、固定費75万円＋（**変動費**：2500杯×200円＝50万円）で125万です。損益分岐点の売上高と総費用が一致していますね。125万円以上の売上高で利益がでることがわかります。

　また損益分岐点では、固定費＝**限界利益**75万円（2500杯×300円）となっていることに注目してください。

> **POINT** 損益分岐点を超えないと、利益はでない

★ 損益分岐点を計算してみよう

● 街のカレー屋さんの原価情報

- カレー1杯当たりの材料費（変動費）200円
- 1ヵ月当たりの費用（固定費）
  人件費45万円　店の家賃20万円　その他経費10万円

● 売上高、固定費、限界利益の関係（限界利益図表）

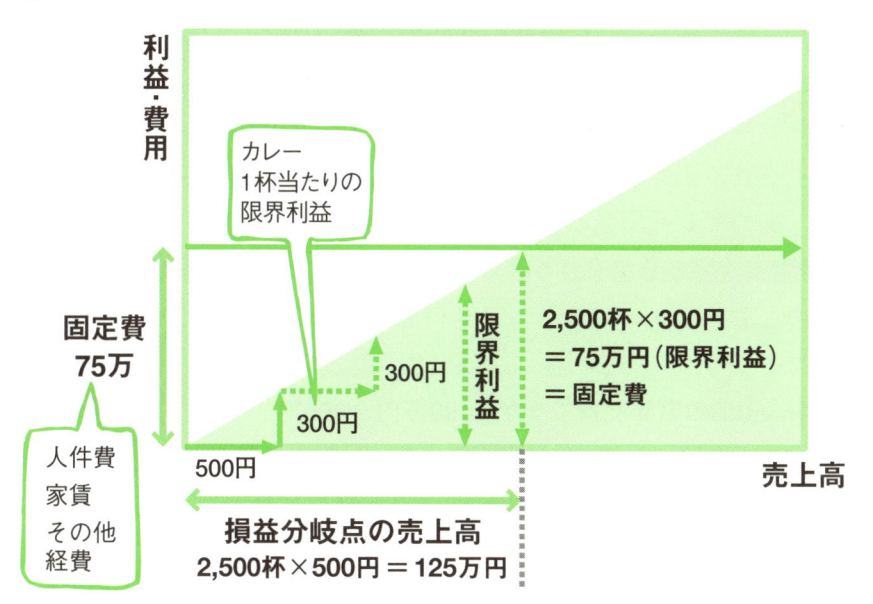

縦軸：利益・費用　横軸：売上高

固定費 75万（人件費／家賃／その他経費）

カレー1杯当たりの限界利益 300円

500円　300円

2,500杯×300円
＝75万円（限界利益）
＝固定費

損益分岐点の売上高
2,500杯×500円＝125万円

① カレー2,500杯を販売すると、75万円（2,500杯×300円）の限界利益が生まれ、75万円の固定費を支払うことができる。しかし利益はゼロである。

② 損益分岐点では、固定費75万円＝限界利益75万円となっている。

6 月に利益90万円を稼ぎたい。その時の売上高は？

◎（固定費＋利益）を賄う限界利益を生み出す売上高

街のカレー屋さんは、月に90万円の利益を稼ぎたいらしい。この目標利益を達成する売上高はどう考えるのでしょう。

損益分岐点の売上高が125万円なので、125万円以上売ればいいですね。125万円の売上高で75万円の限界利益が生まれました。75万円は固定費の支払いに使ったのですから、損益分岐点を超えた売上高から生まれる限界利益は、固定費の支払いに使いません。

損益分岐点を超えた売上から生まれる限界利益はどうなるの？

損益分岐点を超えた売上高は、**経営安全額**と呼びます。経営安全額から生まれる限界利益は、変動費は控除済み、負担する固定費もないので、街のカレー屋さんに残る（利益になる）わけです。

経営安全額から生まれる限界利益が90万円なら目標達成だ？

そのとおりです。90万円の限界利益をだすには、あと何杯売ればいいのでしょう。

1杯300円の限界利益ですから、90万円÷300円？

そのとおりです。答えは3000杯ですね。販売価格500円を掛けた150万円（経営安全額）を損益分岐点の売上高に加算すればいいのです。すなわち90万円の利益を稼げる売上高は275万円（＝125万円＋150万円）です。目標販売数量は5500杯（2500杯＋3000杯）です。損益分岐点の売上高＋経営安全額が目標売上高になります。

1カ月25日働いて、1日当たり220杯のカレーを売らないといけないわけです。街のカレー屋さんがんばってくださいね。

POINT 経営安全額から、利益は生まれる

★ 経営安全額から利益が生まれる

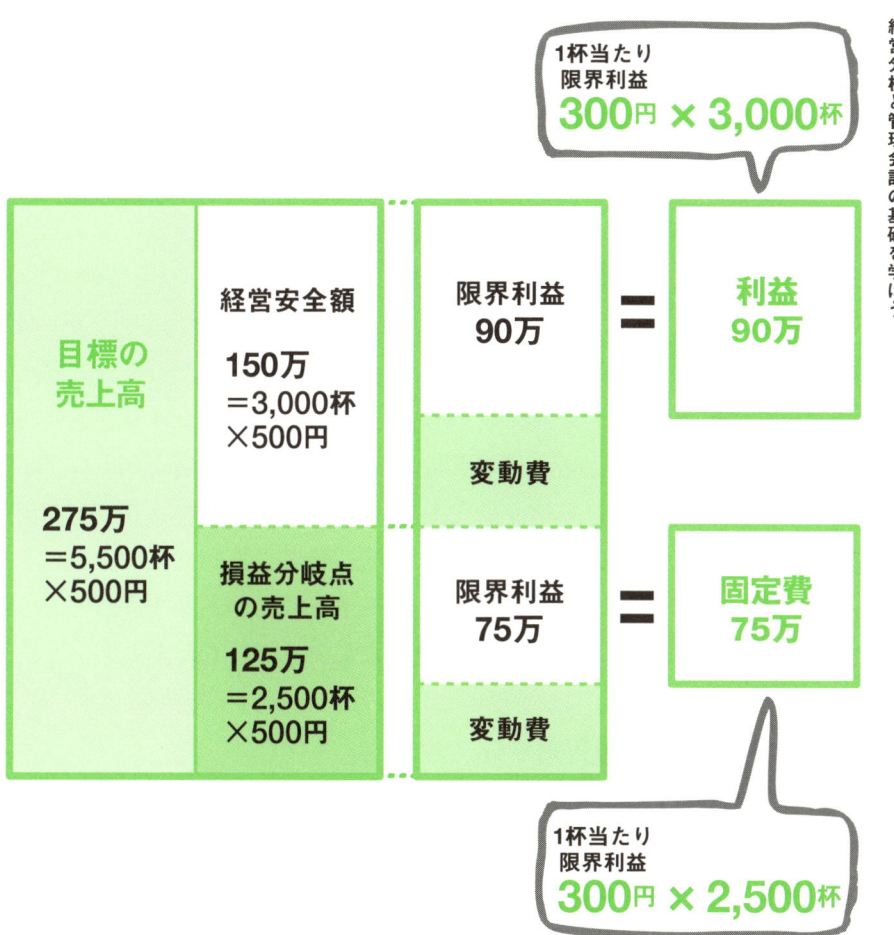

1杯当たり限界利益
300円 × 3,000杯

目標の売上高 275万 =5,500杯 ×500円	経営安全額 150万 =3,000杯 ×500円	限界利益 90万		利益 90万
		変動費	=	
	損益分岐点の売上高 125万 =2,500杯 ×500円	限界利益 75万	=	固定費 75万
		変動費		

1杯当たり限界利益
300円 × 2,500杯

安売り戦略（低価格販売）は、たくさん売って利益をだす考え方（薄利多売）なので、固定費をおさえ、損益分岐点の売上高を低くする必要がある。

7 インドカレー専門店へ業態転換したら儲かる？

◎販売価格を3倍にアップ、月に90万円の儲けをめざす

街のカレー屋さんも毎日220食を売らなければならないので大変でした。現実は、目標にほど遠い状況です。お客も急ぎの人ばかりで、味わって食べてくれません。商売をやっていて、これではやりがいがないと感じていました。そこでもうちょっと手の込んだカレーを提供する店にしようと、インドカレー専門店を考えました。インドから専門のシェフを雇い、ショッピングセンター内に新規に店を出して再出発です。原価情報は右ページのとおりです。販売価格を3倍の1500円にアップして、ゆっくり味わっていただく店にしました。

さて利益90万円を稼ぐには、月に何杯売る必要がありますか？

🙍 ちょっと街のカレー屋さん。価格そんなにアップして大丈夫？

カレー屋さんはマジで、「やるしかない」と不退転の決意です。

◎月900杯で、90万円儲かる

損益分岐点を計算してみよう。損益分岐点の販売数量は2000杯（固定費200万円÷1杯当たり限界利益1000円）で、同売上高は300万円（1500円×2000杯）です。損益分岐点の販売量は街のカレー屋さんより500杯（20％減）さがり、同売上高は2.4倍になりました。

🙍 これが利益率アップ戦略というものか？

そうですね。90万円の利益のためには、900杯（90万円÷1000円）を損益分岐点の販売量に乗せればいいのです。総販売量は2900杯で（2000杯＋900杯）、月25日稼働で1日当たり116杯です。街のカレー屋さんの220杯の約半分です。しかし味へのこだわりと接客サービスなどを強化しないと、目標に届かないかもしれませんね。

POINT 味とサービス次第です

★ 損益分岐点から経営を考える

● インドカレー専門店の原価情報

- カレー1杯当たりの材料費（変動費）500円
- 1ヵ月当たりの費用（固定費）
  人件費100万円　店の家賃50万円　その他経費50万円

● 固定費が大きく、多くの限界利益が必要

1杯当たり限界利益
1,000円 × 900杯

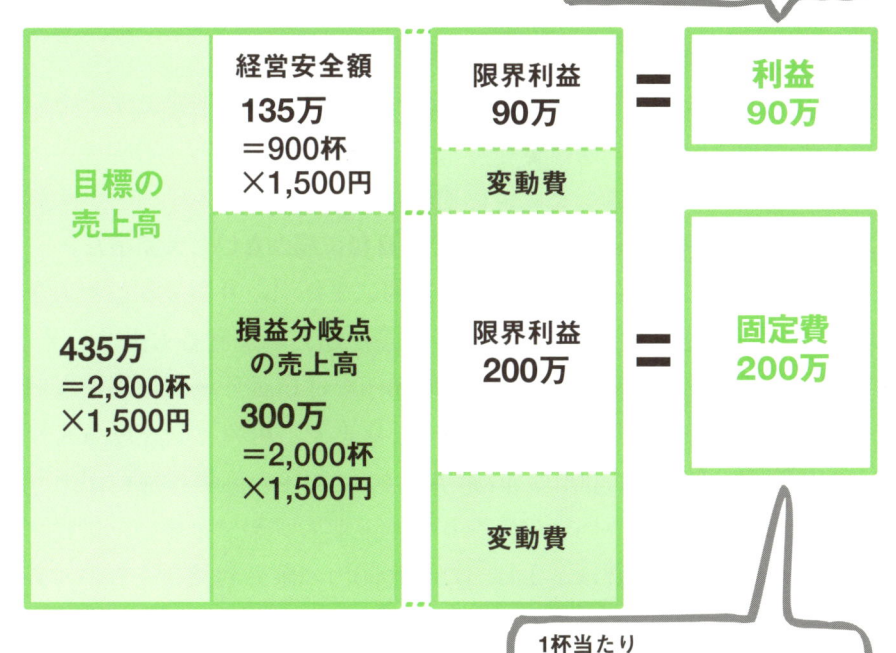

目標の売上高	経営安全額 135万 =900杯 ×1,500円	限界利益 90万	=	利益 90万
		変動費		
435万 =2,900杯 ×1,500円	損益分岐点の売上高 300万 =2,000杯 ×1,500円	限界利益 200万	=	固定費 200万
		変動費		

1杯当たり限界利益
1,000円 × 2,000杯

利益率アップ戦略は、味やサービスで付加価値を提供し、利益をだす考え方なので、固定費が大きく、損益分岐点の売上高も高くなる。

8 街のカレー屋さんとインドカレー専門店、どっちが儲かる？

◎ 変動損益計算書を作って比較しよう

　変動損益計算書とは、費用を変動費、固定費に分類して作成した損益計算書です。売上高－変動費＝限界利益。限界利益－固定費で利益を求めるのです。両店の目標値で変動損益計算書を作りました。

　利益90万円を稼ぐのに、街のカレー屋さんは3000杯で利益を生み出す予定でした。薄利なのでお客さんがたくさん来ないと90万円は稼げません。しかし目標は達成できなかったですね。

　インドカレー専門店は900杯で90万円の利益を稼ぐ予定です。カレー1杯ごとに1000円の儲けをいただくので、味はもちろんお客さんへの接客などのサービスなどは目標達成に不可欠です。

インドカレー店は固定費が多いので、目標に届かないと大赤字だ？

　いいところに気付きましたね。一般的に1杯当たり限界利益が大きい会社は、固定費も大きく、損益分岐点を超えれば利益も大きい分、下回れば赤字も大きいのです。もし100杯だけ損益分岐点に届かないと10万円（100杯×1000円）の赤字になります。街のカレー屋さんなら、3万円（100杯×300円）の赤字です。100杯の価値に違いがあります。インドカレー専門店は味作りにインド人シェフを雇い、接客サービスにかける人件費は、1杯当たり1000円の限界利益を生むのに必要な投資だからです。

　重要な点は、どっちが儲かるかではなく、どの経営を選択するかということです。固定費をあまり使わず低価格で集客する**変動費型**とサービスを重視する**固定費型**の選択です。どちらを選択してもお客の心をつかまえれば、どちらも儲けることができるのです。

POINT 変動損益計算書を作って、並べて観察しよう

★ 街のカレー屋さんとインドカレー専門店どっちが儲かる？

● 変動損益計算書で比較

薄利多売の変動費型

街のカレー屋さんの目標

- 目標の売上高 275万 ＝5,500杯 ×500円
- 変動費 200円×5,500杯 ＝110万
- 限界利益 165万
- 固定費 75万
- 利益 90万

1杯当たり限界利益 **300円 × 3,000杯**

サービス重視の固定費型

インドカレー専門店の目標

- 目標の売上高 435万 ＝2,900杯 ×1,500円
- 変動費 500円×2,900杯 ＝145万
- 限界利益 290万
- 固定費 200万
- 利益 90万

1杯当たり限界利益 **1,000円 × 900杯**

● もし損益分岐点に100杯届かないとき

2,400杯×300円

- 限界利益 72万
- 固定費 75万
- 損失 3万

100杯×300円 ＝3万円の赤字

1,900杯×1,000円

- 限界利益 190万
- 固定費 200万
- 損失 10万

100杯×1,000円 ＝10万円の赤字

9 収支分岐点と損益分岐点の違いは？

◎ 収支分岐点と損益分岐点は意味が違う

損益分岐点の売上高は利益がゼロになる売上高でした。これに対して収支（キャッシュフロー）がゼロになる売上高を収支分岐点の売上高といいます。右ページに示した設問を考えながら、その違いを確認してみましょう。

損益分岐点の売上高と収支分岐点の売上高を計算してみましょう。

損益分岐点の売上高はこうです。ベット1台当たり40万円の限界利益です。よって2個（＝80万円÷40万円）売れば損益分岐点です。よって損益分岐点の売上高は200万円です。簡単ですね。

◎ 損益分岐点の2倍を売って収支がトントン

収支分岐点の売上高はこうです。ベットを1台販売すると仕入代金60万円を支払います。すでに固定費80万円は支払い済みなので、1台販売したときの支出合計は140万円（60万円＋80万円）です。これに対して収入は100万円の80％の80万円です。収支は60万円の赤字です。

2台販売すると、支出合計は固定費80万円＋（仕入代金60万円×2個）で200万円です。収入は200万円の80％で160万円なので、収支は40万円の赤字です。損益分岐点の200万円を売り上げた段階では収支は赤字です。収支がトントンになるのは4台400万円を販売したときです。なんと損益分岐点の2倍を売らないと収支は黒字にならないのです。しかも「販売代金の20％しか掛売りにしていないのに……」です。高額取引では、わずか20％の掛売りでも、黒字倒産なんてこともあるので注意しましょう。

POINT 収支がトントンと損益がトントン

★ 損益分岐点と収支分岐点の違い

Q 以下の条件で、表の中に数値を入れて、損益分岐点と収支分岐点の売上高を求めよ。

⇨ 販売価格100万円のベット(仕入値60万円/台)を販売します。固定費は80万円発生します。固定費は全額現金で支払い、仕入代金は売れるごとに現金で支払います。売上代金は80％を現金で受け取り、残りは後で受け取る掛売りとします。

損益分岐点の売上高

〈単位：万円〉

販売個数	1台	2台	3台	4台
売上高	100	**200**	300	400
変動費	60	120	180	240
限界利益	40	80	120	160
固定費	80	80	80	80
損益	△40	0	40	80

収支分岐点の売上高

〈単位：万円〉

販売個数	1台	2台	3台	4台
売上高	100	200	300	**400**
入金	80	160	240	320
支出				
仕入	60	120	180	240
経費	80	80	80	80
収支	△60	△40	△20	0

なんと、2倍も違う！

column 居酒屋のオーナーの年収は？

　経営分析って、決してむずかしいものではありません。仕事帰りに一杯やるときにでもできるのです。小さな居酒屋に入って注文した後、暇ですから、こんなことを考えてみたらどうでしょう。
「この店、儲かっているのだろうか？」。お客がたくさんいたら、「儲かっているかな」と想像するのも手ですが、ぜひお客さんの数を想像してください。実数を数えないでテーブルの数を数えましょう。10個テーブルがあったら、平均で2.5名ぐらい座るとして25名くらいかなんて数えます。カウンターがあれば、そこの座席の6割程度の人数を加えてください。合計で30名とします。
　その後は、メニューを眺めながら、「割り勘で、一人いくら払うのかな」と想像してみましょう。「3000円くらい」なんて。そうすれば30名×3000円で9万円が、ほぼ満席の状態での売上高です。後は30名が何回入れ代わるかです。これを客席回転率といいます。営業は夜だけで、大雑把に2回転として60名などと考え、9万円を2倍して18万円の売上高です。1ヶ月30日稼働で540万円の月商で、12倍して6480万円の年商が推測できます。
　これに居酒屋の限界利益率65％程度を掛けて約4200万円が限界利益（粗利益）です。人件費の割合が限界利益の50％（労働分配率）として2100万円の人件費総額です。「これならオーナーは1000万の報酬をとれるな」と確信し、従業員には1100万円、ホールと厨房にいる社員数6名で割れば、1人180万円。「人件費が低いからみんなパートだな」なんて想像していたら、最初のつまみが出てきました。この遊び、慣れれば1分でできますよ。これが計数感覚ってものです。そして帰り際にオーナーに何気なく確認してみたら？

Question1 以下の貸借対照表について、質問に答えなさい。

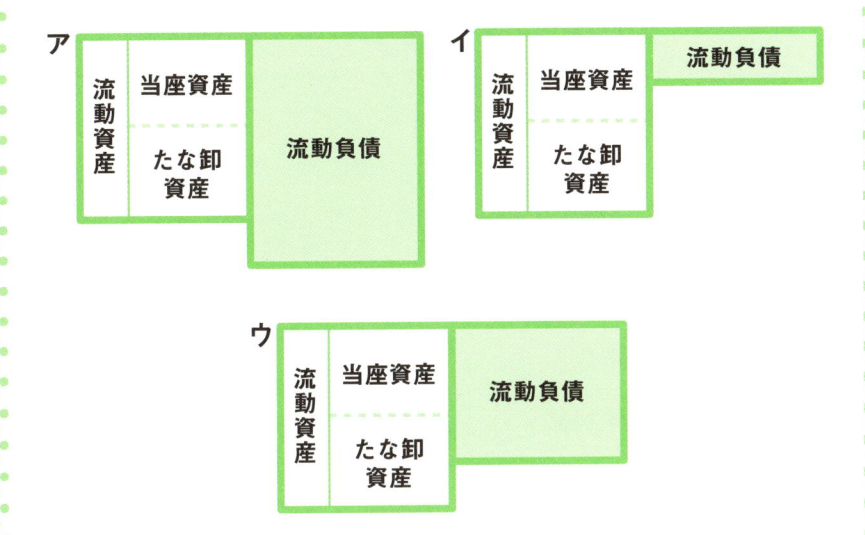

ア
| 流動資産（当座資産／たな卸資産） | 流動負債 |

イ
| 流動資産（当座資産／たな卸資産） | 流動負債 |

ウ
| 流動資産（当座資産／たな卸資産） | 流動負債 |

（1）短期の安全性の良い順に並べなさい。
（2）たな卸資産と当座資産の違いを考えなさい。
（3）（2）の違いは、なぜ重要なのですか。

解答
（1）イ⇒ウ⇒ア
（2）販売過程を経てやっと現金化される資産が、たな卸資産。
（3）安全性を判断するために、確実に支払手段とし使えるかどうかが重要だから。

Question2 街のカレー屋さんのデータで、月間4500杯までなら売れるという。同時に売価を550円に値上げしたら、損益分岐点の販売数量はいくらになりますか。以下の変動損益計算書も完成させなさい。（他の条件は変わらないものとする）

変動損益計算書

		数量	単価
売上高			
△変動費			
限界利益			
△固定費			
利益			
損益分岐点の販売数量			

解答

変動損益計算書

		数量	単価
売上高	2,475,000	4,500	550
△変動費	900,000	4,500	200
限界利益	1,575,000		
△固定費	750,000		
利益	825,000		
損益分岐点の販売数量	2,143杯		

固定費75万÷（売価550－変動費200）

PART 6
株式投資に活用しよう

最後は、株式投資などを行う場合に最低限知っていてほしい
決算書に関連する計数情報について紹介します。
新聞などを見る際に知っておくと便利な情報です。

株式投資の見える化

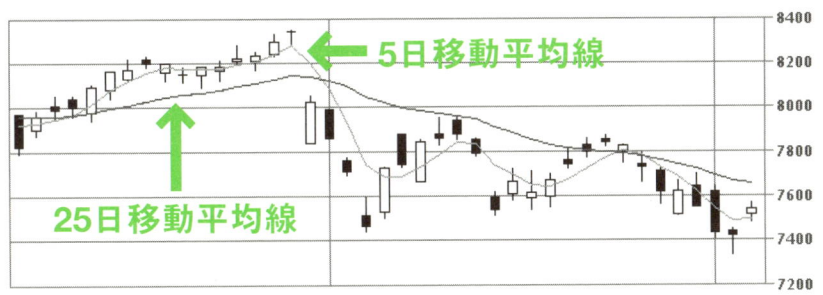

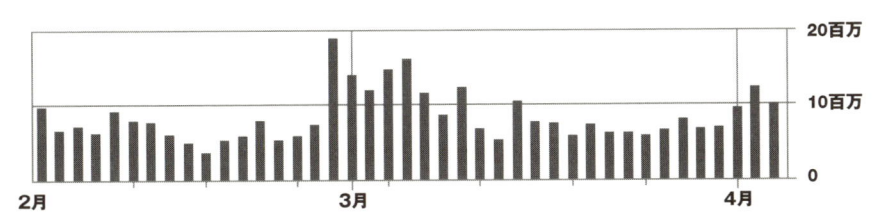

PART6 株式投資に活用しよう

PART6-1
PER、PBR
→ 160ページへ

PART6-3
増配の可能性
→ 164ページへ

PART6-2
配当利回り、配当性向
→ 162ページへ

PART6-4
決算短信について
→ 166ページへ

PART6-5
ローソク足チャート
→ 168ページへ

5日移動平均線

25日移動平均線

1 株価が高いか安いか、簡単に見分ける方法は？

◉ 業績予想が株価に影響することを理解しよう

　株価は、1株当たりの会社の価値で、**株主価値**を表しています。株価は会社の将来性を敏感に反映します。株価と会社数字の関係を考えてみましょう。

　純資産は株主の持分でしたね。純資産を発行済み株式数で割った**1株当たり純資産**（**BPS**：Book-value Per Share）は株価の基礎としてよく使われます。株価はBPSの1倍〜2倍程度です。この倍率を**株価純資産倍率**（**PBR**：Price Book-value Ratio）といい、株価の割高、割安、買い時、売り時などの判断に使われます。

何で、株価はBPSと同じにならないのですか？

　純資産（資産−負債）を原価とすると、株価は純資産の時価です。もしPBRが1倍を下回っていれば、株価＜BPS（1株当たり純資産）となっているので、株価がBPSを下回り、何か会社に問題があるという信号です。株価＞BPSなら、BPSが将来伸びるという期待があるのです。株価は通常BPSとは一致しません。

他によく使われる指標はありますか？

　株価収益率（**PER**：Price Earnings Ratio）で、株価が**1株当たり当期純利益**（**EPS**：Earnings Per Share）の何倍あるかという指標です。15倍〜20倍が一般的です。

　今後EPSが10円増えると予想されると、PER20倍の相場では、200円（10円増益×PER20倍）の値上がりが予想されます。逆にEPSが20円の減益予想なら400円も株価が下がる可能性があります。会社などの業績予想の重要性が理解できますね。

> **POINT** PER、PBRの考え方を理解しよう

★ 株価と会社数字の関係

● 株価純資産倍率
（PBR：Price Book-value Ratio）

⇦ 純資産から株価を評価する

➡ 株価が、BPSの何倍かを示す指標
通常1倍～2倍ほどになる

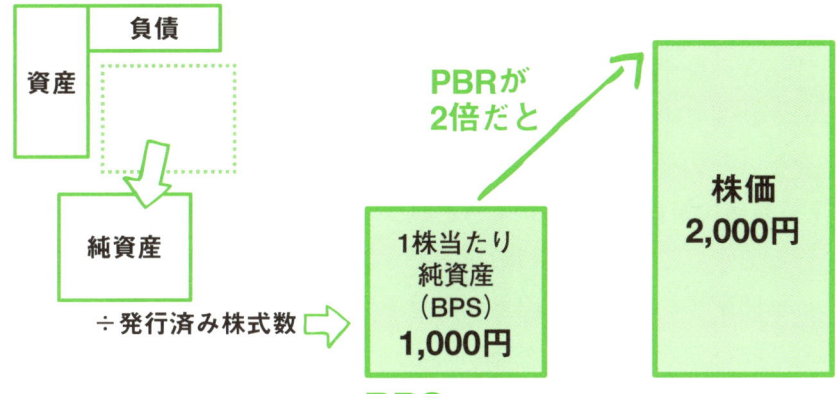

貸借対照表

資産 / 負債 / 純資産

÷発行済み株式数 ➡ 1株当たり純資産（BPS）**1,000円**

PBRが2倍だと → 株価 **2,000円**

BPS：Book-value Per Share

● 株価収益率
（PER：Price Earnings Ratio）

⇦ 利益から株価を評価する

➡ 株価が、EPSの何倍かを示す指標
通常15倍～20倍ほどになる

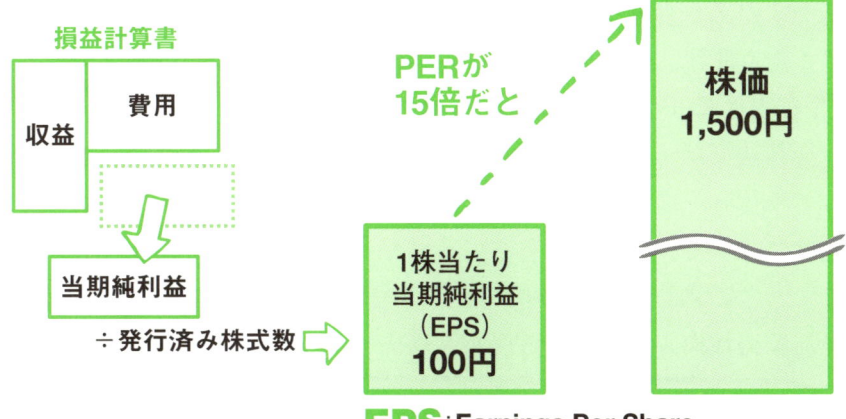

損益計算書

収益 / 費用 / 当期純利益

÷発行済み株式数 ➡ 1株当たり当期純利益（EPS）**100円**

PERが15倍だと → 株価 **1,500円**

EPS：Earnings Per Share

PART6 株式投資に活用しよう

2 長期保有を考えている場合、良い判断指標は？

◉ 配当利回りを金利商品と比較する

株式投資は、株価のアップを狙うだけでなく、株主として会社と長い付き合いをすることも必要です。発行会社にとっても安定株主となるので歓迎です。長期保有が方針なら配当も重要です。ただ配当が多い少ないというのは、どのように判断するかわかりますか。

投資額に対して配当がいくらというのがしっくりきますが？

そうです。これ**収益性**の考え方ですね。投資額（株の購入額）に対する年間配当の割合が、**配当利回り**です。配当利回りを見ると金利商品より収益性が高いことがあります。株価が1000円で年間予想配当30円（1株当たり）であれば、配当利回り3％で、金利水準がそれより低ければ、その会社の株は魅力的です。

◉ 配当性向で、会社の株主還元策を判断する

長期保有の株主にとって、今後の配当方針は重要な検討ポイントです。配当は利益を配分することなので、当期純利益に対する年間配当の割合である**配当性向**は、投資の判断指標です。安定的な個人株主を増やすため、会社の株主配分の目標として、配当性向を掲げる会社も多くあります。

配当性向って、連結と単体、どっちで見るのですか？

会社法では、配当可能な金額を計算する基準は単体ベースです。よって単体ベースの当期純利益と配当で計算します。しかし連結重視の経営によって、経営目標として連結配当性向を掲げる会社も増えています。その場合は分母の利益は連結当期純利益を使う（配当は単体）**連結配当性向**を目標にする会社も増えています。

POINT 配当利回りと配当性向が重要

★ 株式を長期保有するなら？

● 配当利回り

⇨ 株価と配当の割合で、金融商品の金利と比較して株式投資が有利か判断できる

$$\frac{1株当たり配当\ 30円}{1,000円\ 株価} \times 100 = 3\% \quad 配当利回り(\%)$$

∧ ∨

金融商品の金利

どっちが有利？

> 配当は、期末配当、中間配当などの年間配当。

● 配当性向

⇨ 1株当たりの当期純利益（EPS）に対する年間配当の割合で、株主に対する成果配分目標として使われる

$$\frac{1株当たり配当\ 30円}{90円\ 1株当たり当期純利益} \times 100 = 33\% \quad 配当性向(\%)$$

(**EPS**：Earnings Per Share)

> 単体ベースでの計算が一般的だが、分母のEPSを1株当たり連結当期純利益とすることもある（連結配当性向）。

3 配当を増やす可能性がある会社って、どんな会社?

◎ 配当の原資は、利益剰余金

配当は、会社経営の目的の一つです。株主が出資した資本金を事業に投資して利益を稼ぎ、その利益を株主に分配することが配当ですね。業績が上向くと利益が増加し、配当を増やす会社が増えてくるのも本質的にはそういう理由です。

特に配当性向を公表し、株主配分の目標にしている会社は、当期純利益が増加すると分子の配当を増やす必要があります。このような会社は配当を増やす（**増配**）可能性が高い会社です。また20周年記念配当というように会社の節目で増配する会社もあります。

配当には制限があるのですか？

会社法によって細かく規制されています。内容がむずかしくなるので大まかな考え方を紹介します。まずは利益剰余金がたくさんあることが配当できる条件です。自己株式には配当はできません。また一定の条件が整えば、年何回でも配当が可能なので、**四半期配当**をすることもできます。

◎ 増配で買収防衛

投資ファンドなどが、株を買い集め、経営改革を迫って株価を高めた上で、売却するケースがあります。そのとき、会社は買収防衛策として、自社株買いなどで買い占めを防御することもあります。なぜなら買いが多くなると株価は高くなり、買収側は、用意する資金を増やさないといけないからです。株価アップに増配を利用した例もあります。買収される会社が、大幅な増配を発表することで、投資家の買いを誘い、株価は高騰し、買収を防衛したのです。

POINT 利益剰余金が多い会社だ

★ 配当を増やしそうな会社は、利益剰余金が多い

資本剰余金の一部（その他の資本剰余金）も配当に回すことができる。

資産	純資産	負債
		資本金 資本剰余金
		利益剰余金

配当
自社株買い

利益剰余金の一部が配当に回される。

売上
▲費用
●利益

利益剰余金の増加

利益剰余金が、配当の元手になるので、当期が赤字でも配当をすることができる。

4 投資に役立つ情報はどんなものがあるでしょうか？

◉決算短信は速報性という点で有効な情報源

投資に必要な会社情報を得るには、会社四季報や日経会社情報なども有名ですが、信頼できてスピーディなのは**決算短信**です。決算短信は、決算発表で使われる決算内容を要約した資料です。証券取引所が様式を決め、上場会社は決算期、中間などで作成します。各会社のホームページで閲覧できます。決算短信は、決算速報という性格で、次期の業績予測も触れられています。新聞などの業績速報は、決算短信に基づいて書かれているのです。

有価証券報告書とは違うのですか？

正式な監査を経て、株主総会後に発表されるのが有価証券報告書です。決算短信は、総会前に発表するため有価証券報告書より正確性は劣りますが、速報性という点で株式投資には、最適な資料です。

最近では**IR**（投資家向け広報活動）を重視するため、3月決算で4月の営業初日に決算発表する1番乗りの会社も話題です。決算短信の1枚目（右ページ）には、計数情報の重要なものが集まっています。決算書を勉強してきた皆さんが、数字に親しむにはよい資料です。

◉時系列情報なら、有価証券報告書を分析しよう

時系列の情報を一覧したければ、**有価証券報告書**も活用しましょう。5年分の総資産、純資産、売上高、当期純利益、各種キャッシュフロー、配当性向、EPS（1株当たり当期純利益）、BPS（1株当たり純資産）、従業員数などが、連結、単体ごとに載っています。金融庁が提供しているEDINETでいつでも閲覧可能です。興味のある企業を探してみてはどうでしょう。

> **POINT** 決算短信を利用して、直近の業績を把握しよう

★ 決算短信は、会社の状況を見られる最新情報だ

×××2年3月期　　　　　　　　　　　決算短信（連結）　　　　　　　　　　×××2年5月6日

上場会社名	ABC株式会社　　上場取引所(所属部)　[東証市場第一部]
コード番号	本社所在都道府県　東京都
(URL http://www.abcw.co.jp/)	
代表者	役職名　取締役兼代表執行役社長　氏名　岡田太郎
問合せ責任者	役職名　常務執行役　氏名　山上四郎　TEL 03-××××-××××
決算取締役会開催日	XXX2年5月6日
米国会計基準採用の有無	有・(無)

1. ×××2年3月期の連結業務（×××1年4月1日～×××2年3月31日）

(1) 連結経営成績

(百万円未満切捨)

	営業収益		営業利益		経常利益	
	百万円	%	百万円	%	百万円	%
×××2年3月期	483,677	(9.3)	19,872	(27.0)	16,852	(10.4)
×××1年3月期	442,528	(5.6)	15,652	(13.2)	15,264	(12.7)

	当期純利益	1株当たり当期純利益	潜在株式調整後1株当たり当期純利益	自己資本当期純利益率	総資産経常利益率	営業収益経常利益率
	百万円　%	円　銭	円　銭	%	%	%
×××2年3月期	5,723 (89.5)	70 31	70 02	7.6	4.9	4.1
×××1年3月期	3020 (△53.4)	40 61	40 52	4.6	5.4	3.5

(注) ①特分法投資損益　×××2年3月期　△533百万円　×××1年3月期　205百万円
　　②期中平均株式数（連結）×××2年3月期　81,291,700株　×××1年3月期　80,001,500株
　　③会計処理の方法の変更　有・(無)
　　④営業収益、営業利益、経常利益、当期純利益におけるパーセント表示は、対前期増減率

(2) 連結財政状態

	総資産	純資産	自己資本比率	1株当たり純資産
	百万円	百万円	%	円　銭
×××2年3月期	342,568	112,254	26.5	1379 10
×××1年3月期	282,456	65,287	23.1	877 92

(注)期末発行済株式数（連結）×××2年3月期　81,396,672株　×××1年3月期　74,365,920株

(3) 連結キャッシュ・フローの状況

	営業活動による キャッシュ・フロー	投資活動による キャッシュ・フロー	財務活動による キャッシュ・フロー	現金及び現金同等物 期末残高
	百万円	百万円	百万円	百万円
×××2年3月期	15,162	△35,624	32,020	38,625
×××1年3月期	13,604	△15,648	3,526	24,835

(4) 連結範囲及び特分法の適用に関する事項
　　連結子会社数　13社　特分法適用関連会社数　5社

(5) 連結範囲及び特分法の適用の異動状況
　　連結（新規）4社　（除外）0社　特分法（新規）1社　（除外）0社

2. ×××3年3月期の連結業績見通し　（×××2年4月1日～×××3年3月31日）

	営業収益	営業利益	経常利益	当期純利益
	百万円	百万円	百万円	百万円
通期	500,000超	20,000～21,000	17,000～18,000	6,000～6,500

(参考)　1株当たり予想当期純利益（通期）　80万～90万

※上記の見通しは、本資料の発表日現在において入手可能な情報に基づき作成したものであり、実際の業績は今後様々な要因によって見通し数値と異なる場合があります。上記業績見通しに関する事項につきましては、添付資料の8ページを参照して下さい。

5 チャート分析の基本は？

◎ 株価の動きと傾向を見る最適なツール

　株式投資に欠かせないのが株価の推移ですね。新聞では前日の株価の始値、高値、安値、終値と出来高（売買株数）が掲載されていますが、推移がわかりません。株価の推移を分析するためには、**ローソク足チャート**と株価の**移動平均線**と**出来高**の推移を見ます。

　ローソク足は、株価の動きをローソクに似た形で表現するのでこのように呼ばれます。始値より終値が高い場合に白抜きで示され「陽線」と呼びます。途中で始値や終値より上下に振れた株価があれば「ヒゲ」という棒をつけて示します。始値より終値が低ければ黒塗りで示し「陰線」と呼びます。ローソク足を毎日作ったものが日足、1週間で作ったら週足、月で作れば月足のローソク足ができます。

　半年程度の株価の動きを見るときは、週足で、数年の動きを見るときは月足が適しています。短期売買では日足が役に立ちます。

💬 ヒゲが長いのやら、短いのがありますね？

　下に長いのが「下ヒゲ」で、ヒゲの先まで途中で株価が下げたことを示し、上に長いのはそこまで株価が買われたことを示します。

　移動平均線は、ローソク足と一緒に使います。日足であれば5日、25日、75日線、週足であれば13週、26週、52週線がよく使われます。長い期間の移動平均線のほうが相場の方向性を概観するのに役立ちます。これに**出来高**の棒グラフを重ねて見ます。出来高が多くて株価が上がるのはよく見ますが、出来高が少なくて株価が上がっているときは、下がる可能性を含んでいることがあります。出来高が少なくて株価が下がっているときは、上昇のキッカケ待ちなどに多いようです。

POINT ローソク足、移動平均線、出来高を見よう

★ チャート分析の基本を知ろう

● ローソク足の意味

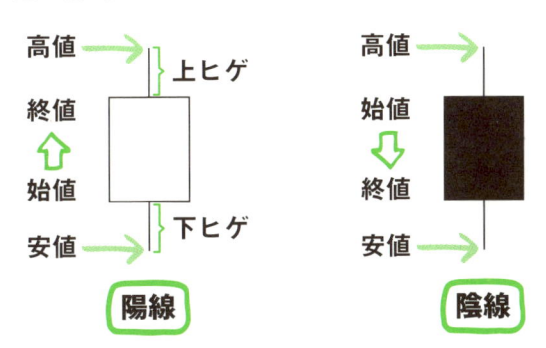

高値→ 上ヒゲ
終値 ↑ 始値
安値→ 下ヒゲ

陽線

高値→
始値 ↓ 終値
安値→

陰線

● ローソク足チャートの例

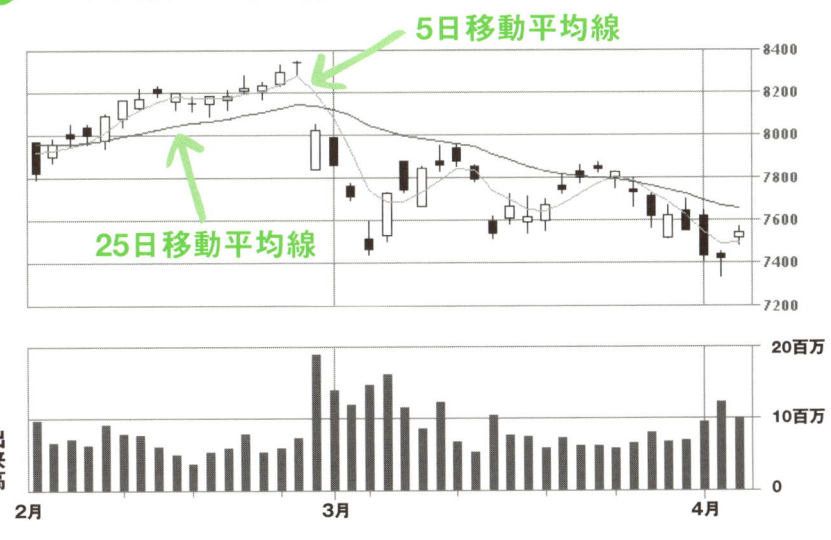

5日移動平均線

25日移動平均線

出来高

2月　3月　4月

～こんな解説でチャートが説明されます～

2月は株価が上がっているが、出来高が少なく弱含みである。2月下旬に高値不安が一挙に現れ、2月から3月に出来高を伴って下げたが、その後買い戻されている。しかし、3月は、25日移動平均線が抵抗線になって、上値をおさえている。

column 計数感覚を身につけよう

　計数感覚という言葉を、私は昔から好んで使ってきました。**会社数字と経営活動の関係を理解できる能力**と考えています。本書各パートの課題は計数感覚の課題でもあります。私はもともと会計ソフトを制作・販売する会社で営業を経験したことから、会計と経営をつなげて考える習慣が身についてしまったようです。

　中小企業に会計ソフトの営業に行ったはじめのころの話です。いつも経理担当者が出てきて、細かい経理の話になりました。しかし経理担当者と話をしても、会計ソフトはなかなか売れません。最終決定者が社長だからです。しかし社長は経理機能の話には興味を示しません。経営管理機能も商品の付加価値なので、話題をそこに持っていくと、やはり機能説明になっていました。他の会計ソフトと比べると少し高めの価格設定もあり、経営への活用法を提案できないと、他社との価格競争になってしまいました。

　社長と会って経営の話・ソフト活用の提案ができないとだめだと一念発起し、営業スタイルを変えました。しかし、すぐに機能説明から活用法への転換はできません。

　「経営の話をしよう。そうすれば社長に興味を持っていただける。経営課題も聞きだそう。課題から自社ソフトをどう活用すれば、会社にとって最良か考えよう」といつも考えを巡らせました。

　こんなことを繰り返しているうちに、経営と数字のつながりを自然と習得していったのです。その後、営業成績も上がっていきました。

　以上は私と「計数感覚という考え方」の出会いですが、興味と目的意識を持って継続すれば、どんな仕事の分野でも、苦手な会社数字の経営ツールとしての活用法が、見えてくると確信しています。

INDEX

キーワード	ページ	用語解説
あ		
ROI	140, 142	投資利益率のこと。ROIはReturn On Investmentの略。
粗キャッシュフロー	122	グロスキャッシュフローともいい、利益＋減価償却費で大まかにとらえたキャッシュフローのこと。
粗利益	42	一般的には、売上総利益のこと。
EPS	160	Earnings Per Shareの略。1株当たり当期純利益のこと。
1年基準	54	資産は1年以内現金化されるか否か、負債は1年以内に返済期限が到来するか否かで、流動か固定かを判断する基準。
一般管理費	46	役員報酬、本社の総務、人事、経営管理などの管理部門で発生する費用。
移動平均線	168	たとえば、5日移動平均線は、直近5日分の株価を累計し、5で割った値を結んだ線。
インタレスト・カバレッジ	86	借入限度を示す指標で、事業利益（営業利益＋受取利息＋受取配当金）÷支払利息で計算する。4倍以上あれば、支払利息は負担ではないと判断される。
受取手形	88, 96	販売代金を手形で受け取った場合に使う売上債権のこと。
受取配当金	48	配当金を受け取ったときに、使う勘定科目。
受取利息	48	利息を受け取ったときに、使う勘定科目。
売上獲得費	82	狭義の販売費で、性格は売上を得るために使われる費用。広告宣伝費、販売促進費など。
売上債権	88, 96	受取手形と売掛金のこと。
売上債権回転日数	88	販売から回収までの日数。365日÷売上債権回転率で計算できる。
売上債権回転率	143	売上高÷売上債権（回）で求める。365日÷売上債権回転率で売上債権回転日数になる。大きいほど売上債権の回収が早い。
売上実行費	82	狭義の販売費で、売上の結果として使われる費用。発送配達費などの物流費がこれに当たる。

用語	ページ	説明
売上総利益	42, 76	粗利益ともいわれ、売上高から、流通業では商品売上原価を、製造業では製品売上原価を控除した利益。
売上総利益率	74	粗利益率ともいい、売上総利益÷売上高×100で求める。
売上高営業利益率	140	本業の儲けの割合で、営業利益÷売上高×100で求める。
売上値引き	90	商品に何らかの問題（品質不良、破損、陳腐化など）があって、販売額を減額すること。
売上割戻し	90	会計上の支払いリベートを示す勘定科目。
売掛金	40, 88, 96, 118	販売代金の未回収額を示す売上債権。
運転資金	96	商売をするにあったって、必要になるお金。在庫や売上債権が増えると不足する傾向がある。
営業外収益	48	本業以外の収益で、受取利息、受取配当金などがある。
営業外費用	48	本業と関連しない費用で、投資活動や財務活動により発生する費用。支払利息が代表。
営業キャッシュフロー	64, 122, 124	営業活動から生まれた収支。売上収入、材料や商品の仕入代金の支払い、販売費一般管理費の支払いなど。
営業利益	42	本業の儲けを示す利益。

か

用語	ページ	説明
買入債務	60, 96	商品や材料など、仕入先との通常の取引で発生した代金の未払分。仕入先が支払いを猶予してくれた代金。支払手形と買掛金のこと。
買掛金	40, 96, 100, 120	仕入代金の未払い分。
会議費	82	会議に要した費用。資料代、作成人件費、会場代などの合計である。
会計	68	アカウンティング（Accounting）のことで、財務会計と管理会計がある。
会計基準	32	決算書の作り方のルール。国ごとに異なるが、国際会計基準など会計基準を統一しようとする動きがある。
加工費	80	材料費以外の製造原価（費用）のこと。

用語	ページ	説明
貸倒損失	88	売上債権（受取手形と売掛金）が、回収できなくなることにより発生する損失。
株価収益率	160	株価÷1株当たり当期純利益。ＰＥＲ（Price Earnings Ratio）と呼ばれる。株価の割高、割安の判断に利用される。
株主価値	160	発行済み株式数×株価で計算できる。株価そのものを呼ぶこともある。
株主資本	106	資本金＋資本剰余金＋利益剰余金－自己株式。
借入金	52	金融機関へ返済を要する負債。
間接法	124, 126	損益計算書と貸借対照表からキャッシュフローを導きだす方法。理解すれば、簡単にキャッシュフローがとらえられる。
管理会計	68	経営管理に活用するための会計で内部報告のために行われる。財務会計と対比され、両者を合わせて、会計（アカウンティング）という。
企業価値	130	企業の時価を表すことばで、将来のフリーキャッシュフローなどから推定される。株主価値（株価）と同義に使われるケースもある。
客席回転率	154	一日の客数÷店の収容客数（回）で求められる。回転率が大きいほど、流行っている店ということになる
キャッシュフロー経営	88	キャッシュフローを重視した経営で、損益計算書中心の経営管理に一石を投じた考え方である。
キャッシュフロー計算書	36, 125	お金の流れを集計した決算書。キャッシュフローは収支と同じこと。
金庫株	108	自己株式を消却しないで、会社が所有しているもの。
金融費用	48	借入などの資金調達に当って発生する費用。支払利息、社債利息、支払割引料などがある。
キックバック	90	リベートと同義。
繰延資産	52	すでに支出したもので、その効果が数年におよぶためすぐに費用にしないで、将来の費用にするため何年か繰延べを認められるもの。株式交付費、創立費、開業費、開発費などある。
経営安全額	146	損益分岐点を超えた売上高。
経常利益	42	正常な収益力、期間の利益を示す利益。

用語	ページ	説明
計数感覚	154, 170	経営活動と会社数字の関係を理解できる能力。計算能力とは違う。一種の経営能力である。
経費	44	原価の3要素の一つで、製造経費ともいう。一般的に必要経費という意味でも使うが混同しないように注意が必要。
決算書	68	貸借対照表、損益計算書、キャッシュフロー計算書、株主資本等変動計算書などを示す用語。
決算短信	166	決算発表で使われる決算内容を要約した資料。
限界利益	144	売上高－変動費で求める。売上高と比例して生まれる利益が本来の意味。
限界利益率	154	限界利益÷売上高×100（％）で求められる粗利益率。
減価償却	102	固定資産の物理的な価値の減少を費用として計上し、収益に対応させて適正な損益計算をするために必要な手続きである。定額法や定率法などの方法がある。
減価償却費	102, 120, 126	固定資産の物理的な価値の減少額。
原価の3要素	44	材料費、労務費、（製造）経費のことで、通常、製造（工場）部門で発生した費用のこと。
原価法	44	期末の貸借対照表の価額を、取得原価を基準に決める方法。固定資産の評価などで使う。
研究開発費	46	新しい知識の発見を目的とする調査及び探求のための費用や研究の成果その他の知識を具体化するための費用。
現金支出費用	126	現金の支出を伴う費用。費用だが現金が支出されない非資金費用に対する用語。
減資	108	資本金を減らすこと。
減収減益	48	売上高と利益がともに減少すること。
減損会計	50, 104, 130	利益が出なくなった事業の固定資産の価値を強制的に減額する会計ルール。
減損損失	50, 58, 104	減損会計によって発生した固定資産の価値の減少分。特別損失になる。
固定資産	52	有形固定資産、無形固定資産、投資その他の資産に分類できる。
固定資産除却損	50	固定資産を廃棄したときに発生する損失で、特別損失になる。

用語	ページ	説明
固定資産売却益	50	固定資産を売却したときに、発生する利益で、特別利益になる。
固定長期適合率	138	固定資産÷(自己資本＋固定負債)×100(％)で求める指標。長期の安全性という点で、100％以下が望ましい。
固定費	144	売上高とは関係なく、一定額が発生する費用。
固定比率	138	固定資産÷自己資本×100(％)で求める指標。100％以下なら、長期の安全性はかなり高い。
固定負債	52, 60	1年以上先に返済期限の到来する負債。
コンプライアンス	74	法令やルールに従うこと。近年、法令違反する会社が目立つようになり、経営課題として注目されている。

さ

用語	ページ	説明
債権放棄	112	金融機関などの債権者が、自らの債権を放棄して、企業を支援すること。
在庫	52, 56, 118	たな卸資産のこと。
在庫回転率	143	売上高÷在庫(回)で求める。大きいほど在庫の売れ行きが良い。
在庫ロス	74	毀損、紛失、盗難、流行おくれなどによる在庫価値の減少分。
財務会計	68	外部の利害関係者への報告のために行われる会計。管理会計と対比される。
財務キャッシュフロー	64, 122	財務活動から生まれた収支。借入による収入、借入金の返済、配当支払い、自社株買いによる支出など。
債務償還年数	130	借入金÷営業キャッシュフローで求める。
債務超過	112	資産より負債の方が大きい状態。
材料費	44	製品を製作するのに使った原材料の使用分。未使用分は在庫になる。
残存価額	102	耐用年数が経過したときの固定資産の価値
仕掛品	44, 80	製造業で完成品になる前の段階のもの。未完成品のこと。
事業利益	86	営業利益に受取利息・受取配当金を加えた利益。

用語	ページ	説明
自己株式	106, 108	自社の株式。株主資本から控除する形式で表示する。
自己金融機能	126	減価償却費は、支出のない費用（非資金費用）なので、減価償却費だけお金が会社に残る。そのお金を次の固定資産投資使えば、外部から資金を調達しないでもよい。このような働きのこと。
自己資本	106, 138	株主資本（資本金＋資本剰余金＋利益剰余金－自己株式）＋評価・換算差額等のこと。
資産	52	調達した資金の運用形態。
自社株買い	106, 108	自社が発行した株式（自己株式）を買い戻すこと。
自社株消却	108	自己株式を買い戻し、自社名義にしたうえで無効にし、発行済み株式総数を減らすこと。
実施たな卸	44	在庫数量を実際にチェックすること。
支払手形	96	仕入代金などを手形を振り出して支払った場合に使う負債。
支払利息	48	長期・短期の借入金に対して支払う利息。
四半期配当	164	四半期（3カ月）ごとに配当をすること。
資本金	52, 62, 106	株主が、振り込んだお金。
資本剰余金	62, 106	株主が振り込んだお金のうち資本金にしなかった額（資本準備金）や自己株式の売却益、合併差益などがある。利益を源泉とする利益剰余金と区別すること。
社債	60	会社が、資金調達のため発行する債券。
社債利息	48	社債を保有する投資家に支払う利息。
収益性	128, 140, 142, 162	投資に対する利益の割り合を示し、ＲＯＩ（投資利益率）、ＲＯＡ（総資産利益率）、ＲＯＥ（自己資本当期純利益率）などがある。
収支分岐点	152	収支（キャッシュフロー）がトントンの売上高または販売数量。
取得原価	102	資産を購入した金額だが、運送費などの引き取り費用加えることもある。
純資産	34, 38, 52, 62, 106, 138	総資産－負債で求められる。資産のうち株主の持分額を示す。
少数株主損益	110	企業グループであげた利益のうち、少数株主に帰属すべき損益。
少数株主持分	110	親会社以外の株主（少数株主）の純資産の持分。

用語	ページ	説明
商品評価損	44	商品の毀損、紛失、陳腐化、時価低下などで発生した損失。
人件費	84	給与、賞与などの人に関連して支払う費用。
進行基準	78	売上高を開発や工事の進行度合いに応じて計上するルール。発生主義による収益の計上の例である。
信用取引	40	商取引では代金を後で決済する取引。買掛金、売掛金は信用取引の結果、発生する。
ステークホルダー	68	利害関係者のこと。借入先の金融機関、株主、社債の購入者、仕入先などのこと。
正常営業循環基準	54	正常な営業サイクルの中にある在庫、売上債権、買入債務などは、その営業サイクルが1年以上でも、流動資産、流動負債とするルール。
製造間接費	80	製造直接費以外の製造原価。
製造原価	80	製品を作るのにかかった費用で、材料費、労務費、(製造)経費に分かれる。
税引前当期純利益	42	税金を控除する前の利益。
製造直接費	80	特定の製品の製造に直接かかわったとわかる製造原価。
早期退職金	50	リストラの一環で、定年前などに、退職金を支払って退職を迫ることがある。その際に支払う退職金。
総資産	62	貸借対照表の左側の合計で、資金運用総額を示す。
総資本	52	貸借対照表の右側の合計で、資金調達総額を示す。
増配	164	配当を増やすこと。
その他の流動資産	56	短期貸付金、前払費用、立替金などがある。
ソフトウェア	58	ソフトウェアを処理する無形固定資産の勘定科目。
損益	34	収益ー費用で計算される。収入ー支出で計算される収支(キャッシュフロー)とは区別すること。
損益計算書	34	一会計期間の収益と費用を集計し損益を計算・表示した決算書。P／L(Profit and Loss Statement)と略される。
損益分岐点	144, 152	利益がゼロになる売上高や販売数量のこと。

た		
貸借対照表	34, 52	期末、四半期などの一定時点でどのくらいの資産や負債(借金)があるかを表した決算書。B／S(Balance Sheet)と略される。
退職給付引当金	60	社員の退職に備えて、利益を積み立てたもの。退職金の支払いは、1年以上先なので、固定負債に表示する。
耐用年数	102	固定資産の使用予定年数で、減価償却を行う期間でもある。法律で決められた法定耐用年数と会社で使用期間を決めた使用耐用年数がある。
たな卸資産	56	在庫のこと。商品、製品、半製品、仕掛品、原材料、貯蔵品がある。
短期借入金	60	1年以内に返済期限の到来する借入金。
短期の安全性	136	1年以内に返済期限の到来する負債(流動負債)を返済できる準備(資産)があるかを判断すること。
長期借入金	60	1年以上先に返済期限の到来する借入金。
長期の安全性	138	固定資産が自己資本や固定負債のような長期安定資金でカバーできているかを分析すること。
直接法	124, 126	収入と支出からキャッシュフローを導きだす方法。わかりやすいが、キャッシュフローを集計することが煩雑になる。
貯蔵品	56	生産・販売支援活動、一般管理活動のために使用する資産で、未使用のもの。事務用品、包装用材料、カタログなど。たな卸資産に表示する。
定額法	102	毎期一定額を減価償却する方法。一定率を減価償却する方法を定率法という。
低価法	44	期末に時価が取得原価を下回ったときに、時価まで貸借対照表価額を引き下げる会計ルール。低価法を採用すると、商品評価損が発生する場合がある。
DCF法	130	キャッシュフローを基礎に事業や資産の価値を計算する評価法。Discounted Cash Flow法の略。
出来高	168	売買された株式数のこと。
当期純利益	42	最終利益で、配当の原資となる。
当座資産	56	販売活動を経ないでもお金になる資産。現金、預金、売上債権、売買目的の有価証券のこと。
当座比率	136	当座資産÷流動負債×100(％)で求める指標。100％以上あれば、短期の安全性はかなり高い。

用語	ページ	説明
投資キャッシュフロー	64, 122	投資活動から生まれた収支。設備投資による支出、設備売却による収入など。
投資その他の資産	54, 58	持ち合い株式などの投資有価証券、子会社株式、関連会社株式、長期貸付金、長期前払費用などがある。
投資利益率	140	ＲＯＩ（Return On Investment）のこと。投資に対する儲けの割合を示す指標。ＲＯＡ（Return On Assets：総資産利益率）という指標もＲＯＩの一種である。
特別損失	42, 50, 104	固定資産の除却損、売却損、災害などによる損失、前期損益修正損などで、臨時的な損失、巨額の損失を扱う項目。
特別利益	42, 50	土地などの固定資産売却益、子会社株式の売却益など。

な

用語	ページ	説明
内部統制	74	不正、ミスなどが起きないようなルール、仕組みを作って、組織的に管理・牽制を働かせること。

は

用語	ページ	説明
配当性向	50, 162	1株当たり当期純利益（ＥＰＳ）に対する年間配当の割合。
配当利回り	162	株価に対する年間配当の割合。
発生主義	98, 101	費用については、支払った事実でなく、発生した事実で、どの期の費用とするかを決める考え方。収益については、進行基準によって売上高を計上する考え方。
販売基準	78	売上高を販売時点で計上する会計ルール。販売時点として検収基準、出荷基準、納品基準などいろいろある。
販売費	46, 82	営業活動を行うにあたって発生する費用。
販売費及び一般管理費	46	本社や営業所で発生した費用。工場で発生した製造費用（製造原価）は入らない。
ＰＥＲ	160	Price Earnings Ratioの略。株価収益率のこと。
ＰＢＲ	160	Price Book-value Ratioの略。株価純資産倍率のこと。
Ｂ／Ｓ	34	貸借対照表（Balance Sheet）の略。
Ｐ／Ｌ	34	損益計算書（Profit and Loss Statement）の略。
ＢＰＳ	108, 160	Book-value Per Shareの略。1株当たり純資産。

用語	ページ	説明
引当金	60	将来の費用の発生が確実なので、早めに費用にしたもの。
1株当たり純資産	108, 160	純資産÷発行済み株式数。BPS（Book-value Per Share）と呼ばれる。株価を判断する基礎として使われる。
1株当たり当期純利益	160	当期純利益÷発行済み株式数。EPS（Earnings Per Share）と呼ばれる。
評価・換算差額等	106	土地や投資有価証券を時価評価したときに発生する。含み益、評価益などを意味する。
含み益	50, 106	貸借対照表価額より時価が大きい部分。売却すると売却益になる。
負債	52	返済を必要とする資金の調達高。
物流費	82	物流に要する費用で、包装資材、物流部門の人件費、トラックなどの経費が含まれ、大きなコストになるため、企業ではその把握が重要になっている。
フリーキャッシュフロー	65, 125, 127	営業キャッシュフローと投資キャッシュフローの合計。
変動損益計算書	150	費用を変動費、固定費に分類して作った損益計算書。管理会計のツールとしてよく使われている。
変動費	82, 144	売上高と比例して発生する費用。
法定外福利費	84	会社が任意に費用を負担するもので、社員寮、社宅費用、社員健康診断費用、給食費補助、娯楽室、スポーツ施設費用など。
法定福利費	84	健康保険や厚生年金保険などの社会保険料及び労災保険や雇用保険などの労働保険料の会社負担分のこと。

ま

用語	ページ	説明
前払費用	98	契約してサービスを継続して受けているとき、まだ受けていないサービスに対する前払分。
未払金	60, 100	本業に関連する仕入以外の、消耗品などの代金の未払い分。
未払費用	100	契約してサービスを継続して受けているとき、すでに受けたサービスに対する未払分。
無形固定資産	58	法律上の権利などで、会社が利益を生み出していくための原動力となるもの。のれん、特許権、商標権、実用新案権、ソフトウェアなど。

用語	ページ	説明
持分法による投資損益	110	関連会社が稼いだ利益のうち、親会社が出資した割合に相当する損益。

や

用語	ページ	説明
有価証券売却益	48	株や債券の購入額よりも高く売れた場合、その差額を処理する勘定科目。
有価証券評価損	48	株や債券の購入額よりも、時価が下がった場合、購入額と時価の差額を処理する勘定科目。
有価証券報告書	166	正式な監査を経て、株主総会後に発表される決算報告書。
有形固定資産	58	建物、構築物、機械装置、車両運搬具、土地などの事業に活用する資産。

ら

用語	ページ	説明
利益剰余金	62, 106, 164	過去の当期純利益の蓄積分。損失が出たり、配当をすると減少する。
利益処分計算書	106	配当、役員賞与などの利益処分項目を記載した決算書。2006年の会社法施行で、株主資本等変動計算書が新設されたのに伴い廃止された。
利害関係者	68	株主、債権者、仕入先などのステークホルダーのこと。
リベート	66, 90	一定期間に多額または大量の取引をした販売先に対し、売上代金を一部返還したもの。
流動性配列法	52, 54	資産はお金に性格が近いものから並べ、負債は返済期限が短いものから並べる会計ルール。
流動比率	136	流動資産÷流動負債×100（％）で求める指標。150％〜200％以上あれば短期の安全性は高い。
流動負債	52, 60	1年以内に返済期限が来る借入金などの負債。
連結決算書	110	企業グループ全体の決算書で、親会社、子会社、関連会社の業績を一つの決算書まとめたもの。
連結配当性向	162	1株当たり連結当期純利益（連結ＥＰＳ）に対する年間配当の割合。
労働分配率	154	限界利益に占める人件費の割合（％）。
労務費	44	工場やソフト開発現場の人件費。原価の3要素のひとつ。
ローソク足チャート	168	株価の動きを、ローソクに似た図表で表したグラフ。株価の動きを読むのに役に立つ。

	A〜Z	
B／S	34	貸借対照表(Balance Sheet)の略。
BPS	108, 160	Book-value Per Shareの略。1株当たりの純資産。
DCF法	130	キャッシュフローを基礎に事業や資産の価値を計算する評価法。Discounted Cash Flow法の略。
EPS	160	Earnings Per Shareの略。1株当たり当期純利益のこと。
P／L	34	損益計算書(Profit and Loss Statement)の略
PER	160	Price Earnings Ratioの略。株価収益率のこと。
PBR	160	Price Book-value Ratioの略。株価純資産倍率のこと。
ROI	140, 142	投資利益率のこと。ROIはReturn On Investmentの略。

[著者]

千賀秀信（せんが・ひでのぶ）

1954年生まれ。早稲田大学商学部卒業。マネジメント能力開発研究所　代表。
中小企業診断士、東京都出身。
公認会計士、税理士専門の情報処理サービス業である株式会社TKC（東証1部）で、財務会計、経営管理などのシステム開発、営業、広報、教育などを担当。
1997年にマネジメント能力開発研究所を設立。企業経営と計数を結びつけた独自の能力開発プログラムを構築。「わかりやすさと具体性」という点で多くの企業から好評価を受けている。研修・執筆・コンサルティングなどで活躍中。
大前研一のアタッカーズ・ビジネススクール講師。著書に『【新版】経営分析の基本がハッキリわかる本』『経営センスが高まる！計数感覚がハッキリわかる本』（以上、ダイヤモンド社）、『「ベンチャー起業」実戦教本』（プレジデント社、共著）がある。

●マネジメント能力開発研究所のホームページ
http://homepage3.nifty.com/maneji/

会社数字のコツがハッキリわかる本

2007年8月23日　第1刷発行

著　者─── 千賀秀信
発行所─── ダイヤモンド社
　　　　　　〒150-8409　東京都渋谷区神宮前6-12-17
　　　　　　http://www.diamond.co.jp/
　　　　　　電話／03・5778・7236（編集）03・5778・7240（販売）
装丁─── 藤瀬和敏
本文デザイン・DTP─ 高橋明香（TYPE FACE）
編集協力─── オフィス1975
本文イラスト─ 須山奈津希
製作進行─── ダイヤモンド・グラフィック社
印刷・製本─── ベクトル印刷
編集担当─── 高野倉俊勝

©2007 千賀秀信
ISBN 978-4-478-00188-2

落丁・乱丁本はお手数ですが小社営業局宛にお送りください。送料小社負担にてお取替えいたします。但し、古書店で購入されたものについてはお取替えできません。
無断転載・複製を禁ず
Printed in Japan

あなたの計数感覚を高める！ハッキリわかるシリーズ

「会社数字に強くなりたい」「計数感覚を磨きたい」人に
役立つシリーズ全3冊完成！

ホップ！ 決算書の読み方がわかると経営が見えてくる！
会社数字のコツがハッキリわかる本

- ●計数感覚の入門に最適！
- ●Q&A方式でステップアップ！
- ●ビジュアルな表現でわかりやすい！

PART1◎決算書の基礎／PART2◎損益計算書から読める経営課題／PART3◎貸借対照表から読める経営課題／PART4◎キャッシュフローを読むポイントと経営課題／PART5◎経営分析と管理会計の基礎を学ぼう／PART6◎株式投資に活用しよう

千賀秀信［著］
定価1575円（税5％）

ステップ！ キャッシュフロー時代の計数感覚の磨き方・活かし方
［新版］経営分析の基本がハッキリわかる本

- ●計数感覚の中級へ進みたい人に！
- ●わかりやすく読みやすいポイント解説！
- ●会社数字の分析法を体系的に伝授！

PART1◎まず決算書のしくみをマスターしよう／PART2◎収益性（利益を生み出す力）を見る／PART3◎安全性（支払い能力）を見る／PART4◎生産性（人や設備の効率）を見る／PART5◎成長性を見る／PART6◎キャッシュフローの動向を見る／PART7◎会社を総合的に評価する

千賀秀信［著］
定価1575円（税5％）

ジャンプ！ ビジネスプラン・経営管理・投資に役立つ計数感覚のポイント75
経営センスが高まる！
計数感覚がハッキリわかる本

- ●『［新版］経営分析の基本がハッキリわかる本』の次に読む本
- ●明日のビジネスにすぐ応用できる！
- ●現場の意思決定に役立つノウハウが身につく！

第1章◎経営と計数感覚の関係とは？／第2章◎損益計算書と計数感覚の関係を押さえよう／第3章◎貸借対照表と計数感覚の関係を理解する／第4章◎キャッシュフロー計算書と計数感覚の関係を知る／第5章◎営業現場の計数感覚を理解する／第6章◎開発・製造現場の計数感覚を把握する／第7章◎人事部門の計数感覚を知る／第8章◎株式・債券投資に役立つ計数感覚を学ぶ／第9章◎全社的視点に必要な計数感覚とは／第10章◎損益分岐点分析の活用に関する計数感覚／第11章◎利益・資金計画に関する計数感覚を押さえよう

千賀秀信［著］
定価1575円（税5％）

お求めは書店で